教育エクレ

ホワイトボードでできる

解決志向の
チーム会議

未来につながる教育相談

佐藤節子 編著

JN059990

図書文化

効果的で元気の出るケース会議を！

　本書を手に取ってくださりありがとうございます。私と仲間たちが実践している「ホワイトボードでできる解決志向のチーム会議」のよさを紹介することによって，みなさんが「よしやってみよう！」と思い，実行に移してくださること。これが本書刊行の目的です。

　学校現場は常にたくさんの課題を抱えています。働き方改革がすすめられているにもかかわらず，校舎の灯りは遅くまで消えないのが現状です。それに加えて，新型コロナウイルス感染予防対策は，学校のあり方自体にまで大きな変化を迫るものになっています。

　私が知っている教師のみなさんは，責任感が強く，労を惜しまず仕事をする人ばかりです。いじめの問題が起きたときには，一人一人に対して，ていねいに聴き取りを行い，事実を確認します。各方面への報告も欠かしません。登校をしぶる子どもがいれば，保護者からも話をていねいに聴きます。

　また，教室に入れず保健室や相談室にいる子ども，授業中に落ち着かなくて教室を出て行く子どもがいれば，その対応に追われます。

　先生方の多くは，日々起こる出来事に，その時その時で判断・対応するのが精一杯で，振り返りを行ったり方針を立てたりする余裕までは，なかなかもてないでいるのが実情だと思います。

　こうした現実を背景に，子どもたちの問題行動や，その対応に奔走する先生を，校内の連携によってチームで支えようという動きがあります。しかし，こうした先生が，「支えてくれるはずのチーム」によって，かえって追い込まれてしまうケースも見受けられます。

　ある学校で行われたケース会議でのことです。担任の先生が長時間かけ

て作った経過資料に目を通した参加者から出てきた言葉は，問題と原因探しに関することばかりでした。

「何でこうなったのかな……」

「保護者は何をしていたのか……」

「低学年のときはこうじゃなかったよね……」

担任の先生はうつむいて，なんだかつらそうです。

「前にもっと大変な子どもがいてね……」

「周りを育てないとね……」

「分離不安じゃない？」

「反抗挑戦性障害かも」

これといった結論は出ずに，最後は「様子をみるしかないね」で会議は終わってしまいました。これでは担任の先生は，明日から何をしたらいいのでしょう。

こうした様子を目の当たりにするなかで，私は，「もっと気楽に行うことができて，みんなが元気になるケース会議ができないものか」と考えていました。明日から何をしたらいいのかが具体的にわかり，事例報告者は「大変さを理解してくれる仲間がいる」「自分は一人ではない」と思うことができ，参加者も充実感や達成感が得られるような会議です。

2009年，それまでの小学校勤務から山形大学の教職大学院へ異動した私は，翌年には「カウンセリング」と「ファシリテーション」の授業を受けもつことになりました。そこで，この二つを組み合わせて，効率的で効果的，しかもみんなが元気になるケース会議ができないかと試行錯誤を始めました。

大学の研究室には，ひらめきを受けとめるホワイトボード（印刷機能付き）がありました。はじめは，学校心理学に基づく「石隈・田村式 援助チームシート」（石隈利紀・田村節子『チーム援助入門』図書文化社）をホワイトボードに貼り，それに書き込みながらケース会議をしてみました。

　これは，なかなかいい感じでした。何より，みんなが顔を上げてホワイトボードを見て考えるということと，もれなく多面的に子どものリソースと苦戦状態がわかる点がいいと実感しました。ただし，多くの場合，会議には1時間以上を要しました。

　そこで，多忙な先生方のために，さらに会議を簡素化するとどうなるのかを追求しました。効率的な会議運営のコツは，「ファシリテーション」にたくさんのノウハウが蓄積されていました。子どもの問題行動をとらえるフレームとして，「解決志向アプローチ」のカウンセリングが最適であることもみえてきました。この未来志向の考え方は，「育てる」ことを目標とする，教育カウンセリングの哲学にもマッチしました。

　学校種や職種を超えて，一緒に検討していく山形県教育カウンセラー協会の仲間にも恵まれました。その成果は，2016年の日本教育カウンセリング学会・山形大会で，ミニシンポジウムとして初めて発表することができました。

　こうして10年近く，あれこれ試しながらたどりついたのが，「ホワイトボードでできる解決志向のチーム会議」です。

　本書の中には，みなさんの参考になるように，複数の事例を掲載しています。登場するのは，仲間と実践してきたなかで出会った子どもたちや保護者・教育関係者です。「ホワイトボードでできる解決志向のチーム会議」を通じて，仲間とともに，苦戦しながらも歩み出している方々が，本書の執筆を後押ししてくれました。

　私たちの取り組みをギュッと凝縮した本書が，みなさまの元気につながることを願っています。

　2021年1月

佐藤節子

Contents

一目でわかる
ホワイトボードでできる解決志向のチーム会議

ホワイトボードが
みんなで考え，アイデアを共有する
チームの脳に！！

B先生の
アイデア

保護者も
子どもも
参加可能

A先生の
アイデア

C先生の
アイデア

解決志向で考えるから
困ったことから心が解き放たれ，
前向きで自由な発想がわいてくる！！

こんな未来だったらいいな♪

効果的でスピーディなチーム支援が実現！！

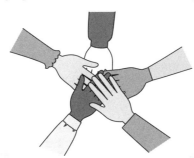

協働の中で信頼関係が深まり，
精神的・役割的サポートに加えて，知的な学び合いが期待できる

本チーム会議の 特徴はコレ！
30分でできる作戦会議

ホワイトボードでできる解決志向のチーム会議（以下，本チーム会議）の特徴と進行の流れを，コンパクトにまとめました。

ホワイトボードの前で会議をします

参加者は全員手ぶらでホワイトボードの前の椅子に座ります。机は不要です（立ったままもOKです。そのほうが早く展開するかもしれません）。

掲示板として使われることが多いホワイトボードを，本来の目的にそって，会議で使ってみましょう。

参加者の視線はホワイトボードに集中！

各自でメモや記録はとらず，情報はすべてホワイトボードに書いていきます。これがグループメモリーです。全員の視線がホワイトボードに集まるので，共通の目的・目標に向かっている感じがします。

ねぎらいの言葉からスタートします

会議の推進役を「ファシリテーター」と呼びます。ファシリテーターは，参加者を集め，場を開き，時間や進行を管理します。ただし，会議の主役はあくまでも参加者です。最初に伝えるのは，「お集まりいただいてありがとうございます！」という参加者へのねぎらいです。

終了時刻とルールを最初に告げます

最初に会議の終了時刻を決めて，ホワイトボードの右上に書きます。タイムリミットを設けると，私たちの脳はそこをめどに活動し始めます。目安は30分間です。参加者には，「守秘義務」の徹底，「解決志向で考えること」の二つのルールを毎回確認します。

会議の目的・目標を明らかにします

本日の会議の目的・目標を設定します。目的とは「そもそも何のためにこの会議があるか」，目標は「どんな次の一手を見つけたいかという今日の会議のゴール」です。目的は，「児童の人間関係を育むために」「子どもの自立を援助する」といった学校の教育相談そのものの目的であることが多いものです。会議のスタート時に口頭で伝えましょう。

そして，この会議の目標（今日のゴール）に焦点を当てて進めましょう。事例報告者に「この会議で，どんなことが話し合われたらお役に立ちます

か?」と質問してその場で目標を決めてもらう場合と，事前の打ち合わせで，目標があらかじめ決まっている場合があります。いずれの場合も参加者に目標を伝え，ホワイトボードに記入します。

事例報告を5分間で行います

必要があれば，子どもの絵や習字，日記帳，各種検査の結果などを持ってきてもらいますが，配付資料は使わず，話の内容はファシリテーターがホワイトボードに書きとめていきます。事例報告者は，最も大事な情報は何かを考え，大切だと思うことから，書くスピードを意識して話します。5分たったら区切りのいいところでストップしますが，次の質問タイムでも話す機会があるので大丈夫です。

質問で情報を広げます

参加者からの質問で，事例報告の情報を広げたり補ったりしていきます。この作業を「リソース探し」といいます。質問が途切れたときは，事例の子どもの情報が多角的に出ているか，少しでもよい点や例外はないかなど，ファシリテーターが観点を与えて参加者の質問を促します。

目標の確認（ゴールメンテナンス）をします

話し合いの目標（今日のゴール）はいつでも修正可能です。子どもについて語ったり，参加者から質問を受けたりしているうちに，事例報告者の問題のとらえ方が変化し，最初に設定した目標を変更したくなる場合があるからです。質問タイムが終わるまでに変更の申し出がなかったときは，この時点で「目標はこれでいいですか?」と確認をとります。

また，設定した目標が漠然としているなど，チームでの話し合いがしにくい場合は，より小さい目標，そして肯定的で具体的な目標になるように，ファシリテーターが働きかけることもあります。

ブレーンストーミングで解決策を出し合います

目標（今日のゴール）にたどり着くために，これから私たちにできることは何かを考えます。ここでは，できるかできないかは後回しにし，事例

報告と質問で得られた情報（リソース）をもとに，何でも思いつくことを発表します。

　ブレーンストーミング４原則「**批判厳禁，自由奔放，質より量，便乗歓迎**」を念頭に，思いつくまま考えると，行き詰まった現状を吹き飛ばす，思いもよらない案が次々と出てきます。ファシリテーターは，黒ペンから青ペンに持ちかえ，それを書いていきます。

「次の一手」を事例報告者が自己決定します

　ホワイトボードに書かれたアイデアの中から，行ってみたいことを事例報告者が選びます。新たに行ってみたいことを赤ペンで囲み，すでに行っていて引き続き行いたいことには下線をひき，強調します。もしも，具体的な内容についてわからないことがあったら，その場では質問せず，あとで発表者に聞くことにします。

　「何を選んだか」よりも，「自己決定した」ことが最も重要です。だれかにやらされるのではなく，自分で決めるからこそ納得感があり，多少つらくてもがんばってみようと思えるのです。

振り返りを大事にします

　いま感じていることを事例報告者が述べ，続いて参加者がフィードバックをし合います。事例報告者へのコンプリメント（よいところについて伝える，応援メッセージ）もあると，ますます元気が出るでしょう。

次回の会議日程も決めましょう

　解決策（実行すると決めたこと）の有効性を検証するために，１〜４週間後に再び会議を設定します。「次回まで一緒にやろう」という気持ちを込めて，ホワイトボードに次回の日付を書きます。

写真が記録です

　ホワイトボードをデジタルカメラで撮影して印刷すれば記録の完成です。撮影が終わったら，ホワイトボードはきれいに消します。守秘義務を守るうえで大事なことです。

本チーム会議の 本質はコレ！
チーム会議がもたらす "気づきと変化"

　本チーム会議では，「解決志向アプローチ」と「ファシリテーション」の理論と技法を用いて，参加者に，よりよい未来をつくるための気づきや行動を起こします。ここでは，会議に参加する中で，先生方にどのような気づきや変化が起こっているのか，四つの例を通してみていきます。

1　子どもへの見方が変わる──ゴールメンテナンス

　チーム会議で，「朝のスクールバス内でのマサヤさん（仮名）のもめごと」について話し合ったときのことです。

◆問題行動がなくなれば，それで解決？

　マサヤさんは発達障害があり，家庭的に恵まれていない子どもです。スクールバス内でのトラブルが多く，けんかをしたり，騒いで友達に飛びかかったりすることがあり，本人にも周りにも危険があることを先生方は悩んでいました。特に最近はトラブルが増え，ほかの保護者からも心配の声があがり，担任は早急になんとかしたいと願っていました。

　そこで担任は，「マサヤさんのかみつきや，嫌がらせをなくすためには」と，会議のゴール（目標）を設定しました。しかし，途中で担任は次のように申し出ました。「いままでマサヤさんの困った行動をやめさせることを考えていましたが，みなさんから質問をされているうちに，マサヤさんは，ほんとうはどう過ごしたいのかな，バスの中でどう過ごせたら楽しいのかなと思いました。そこで，ゴールを『マサヤさんが過ごしやすいバスの環境を考える』に変更したいのですが……」

　その後，新しいゴールに向けて，参加者からは次のようなユニークなア

イデアが出されました。

・マサヤさんの隣に指導員が座る。

・マサヤさんの好きな音楽を車内で流す。

・マサヤさんとなぞなぞやしりとりをする。

・ほかの子どもの音楽のリクエストも聞いてみる。

・バスの中でどんなふうに過ごしたいか, マサヤさんに聞いてみる。

　この中から担任は,「どんなふうに過ごしたいか, マサヤさんに聞いてみる」「好きな音楽を車内で流す」を選びました。

◆よりよい未来に何が役立つか

　会議後, 担任の先生は次のように感想を語りました。

　「いままでは, ほかの子にけがを負わせてはと, マサヤさんを始終見張っているような感じでした。少しでもよくない兆候があると, にらんだり体を押さえたりしていました。一方でマサヤさんの家庭環境の問題も頭から離れず, これでは落ち着くはずがないと, あきらめていたのだなあと思います。今回,『マサヤさんはどんなふうに過ごしたいのだろう。そのためにどんなことができるのだろう』という解決志向の視点をもつことができ, 頭の中の霧が晴れたようでした。バスの中で好きな音楽を流すなど斬新なアイデアをいただいたときは, 目からウロコが落ちました。できない理由は何か, 何が悪いのかと考えていたときは, この状況ではどうしようもない（できることはない）と, 決めつけていたのかもしれません」

　担任の先生は, 当初, 発達障害や家庭環境といったマサヤさんの「問題」と「原因」にとらわれていました。しかし, 参加者の質問を通じて, 「マサヤさんのよりよい未来へ目が向き始め, 解決像（ゴール）のイメージが大きく変わりました。すると, 困った行動にしか見えなかったマサヤさんの言動が, 別の意味をもち始め, 参加者からも, 「マサヤさん中心主義」とでもいうべき, ユニークで具体的な解決策がたくさん生まれました。

　「変わらないものはない」という前提に自由な発想を歓迎することで,

未来への希望を思い描けるようになるということを，みんなに教えてくれたチーム会議となったのです。

2　参加者の相互作用がもたらす気づき——ブレーンストーミング

　他者の自由で多様な見方に触発されて，一人では考えつかないような発想や気づきが生まれることも，本チーム会議のよさの一つです。

◆そのつぶやき，いただきました！

　トオルさん（仮名）は，予定が変わったり自分の思いどおりにならないことがあると，パニックを起こして自傷行為をしてしまうことに，担任の先生はとても困っていました。一度パニックになるとだれの声も耳に入らず，体に触ろうとすると余計に興奮してしまうため，押さえつけることも，教室から移動させることもできませんでした。

　そこで，「パニックを起こしたとき，どう対応したらいいか」を目標（今日のゴール）にすえてチーム会議を行いました。しかし，先生方のもつ発達障害の専門知識は浅く，パニック対応の経験もありませんでした。解決策をどうしたものかと，会議は重苦しい雰囲気に包まれました。

　そのとき，参加者の中からつぶやきがもれ聞こえてきたのです。

　「起こしたとき……，起こしたとき？……」

　「起こしたときがあるなら，起こる前……もあるよね？」

　それを耳にした担任の先生は，次の瞬間，「そうか！　パニックは起こるものと決めつけていました。ゴールを変えてもらえませんか？」と言って，「パニックを起こさないようにするには」にゴールを変更しました。

　すると，参加者の雰囲気が徐々に変化し，ブレーンストーミングでは，次のような解決のアイデアも出てきました。

　・トオルさんがパニックを起こさないでいる時間を見つける。

　・そのときにどんな様子かを観察する。

　・自分自身がそのような状態をつくり出していることを彼に伝える。

・パニックが起こる前の行動を観察し，介入していく。

◆ルールがあるから自由に発言できる

　このエピソードでは，「起こしたとき→起こる前」という参加者の連想に触発されて，担任の先生にも思いもよらぬ発想の連鎖が生まれました。

　こんなふうに，チーム会議では，参加者の相互作用により，予期しない意見や作用がどんどん生まれます。だれのどんな発言に，ヒントやアイデアが転がっているかわかりません。ですから，ブレーンストーミングでは，思いつく案を，どんどん出していくことが大切なのです。出された案一つ一つについて，できるかできないかを吟味することはありません。参加者の知恵をいただき，ひたすらアイデアを広げていくのです。

　意見を出しやすい風通しのよい雰囲気があること，どんなアイデアも批判されない安心感があることが，会議での自由な発想を保障します。

3　視覚化がもたらす気づき——ホワイトボード

　本チーム会議では，ホワイトボードを眺めているだけでも，頭の中で情報が整理され，はっとする瞬間があります。

◆眺めるたびに発見がある

　「立ち歩きが多く，授業中いつも騒いでいる子ども」について話し合っていたときのことです。相談者の学級担任は経験も実力も豊かな先生で，これまでにも思いつくあらゆる方法を試していましたが，効果がなく，同僚にSOSを求めてのチーム会議となりました。参加者の質問が終わり，担任の先生はリソースが書かれた会議のホワイトボードをしげしげと眺めていました。すると，突然ひらめいたのです。「そうか！　いつでも騒いでいるわけではないんだ。静かに黙々と作業しているときもあるんだ！」

　リソース探しで見つかった「イラストを描くのが好きで熱中する」「本を読むのが好きで，授業中でも平気で読んでいる」という情報は，見方を変えれば，その時間はその子が静かに着席している状態であることに，ふ

と気づいたのです。いったん気がつくと,「今日からできる対応策」が本人からも周りからも次々にあがってきました。

◆書くことは有効な思考法

　このように,本チーム会議では,ホワイトボードにただ書いていくだけでも,いままで見えていなかった事実に気づくようになることがあります。情報や思考が可視化されることで,「こういう見方もできる」「ああいう見方もできる」と多様な視点でとらえ直しが可能になるからです。

　私たちはふだん,自分なりの意味づけで情報を理解しています。また,これは重要な情報だ,これはとるにたらない情報だなどと,無意識のうちに取捨選択をしています。そのような見方を一度オフにして,洗いざらい書き出してみるだけでも意外な発見があるものです。

　すると,不思議なことに,これまで自分の見方が偏っていたり,子どものできないこと・困ったことばかりに目が向いていたりしたことに気がつくのです。見方が変わると,「いままでは,この子が(あの親が)変わらなければ前に進めないと思っていたけれど,自分にできることがある。自分の仕事はこれだ!」と,前向きになれるのです。

　──これは,児童生徒理解が変わる瞬間です。

4　「子どもは自分の専門家」であることへの気づき──例外探し

　本チーム会議では,先生方の視点で子どものリソースを探し,新たな解決の構築に役立てようとします。しかし,自分のリソースについて最も詳しいのは,実は子ども自身です。自分の中にリソースがあることを子どもが発見すると,自己肯定感が高まり,ものごとに前向きに取り組んでいくエネルギーがわいてきます。ここでは,「例外探し」(⇒144ページ)を使ったリソース発見のエピソードを紹介します。

◆子どもが教えてくれたこと

　小学校4年生のカオリさん(仮名)は,月曜日はいつも欠席します。そ

の原因について職員室では「家庭での土日の過ごし方に問題があるのだろう」と話していました。しかしある月曜日，カオリさんは登校しました。「例外」が起きたのです。教育相談の先生は，廊下で会ったカオリさんにさりげなく聞きました。「ねえ，カオリさん。今日は月曜でカオリさんは休みかなと思っていたら，ちゃんと登校できたね。月曜にカオリさんに会えて先生はうれしかったよ。ところで，どうして今日は登校できたの？　何か作戦を立てたのかな？　何か元気の出る方法があったのかな？」

カオリさんは，「えー？　わかんない」と言います。

先生はそこで，「わかんないか……。でも，きっと何か秘密や秘訣があるのだと思うよ。それをカオリさんは使ったんじゃないかな。考えてみてね。きっとあるよ。わかったら教えてね」と伝えました。

その日の昼休み，カオリさんは先生のところに来て，こう語りました。

「あのね，昨日家族で温泉に行ったんだよ。だから元気が出たのかな」

「そうか，カオリさんは温泉に入ると元気が出るんだね。先生もそうしてみよう。秘密や秘訣がもっとあったら，また教えてね」

すると，カオリさんは翌月曜日も登校し，先生にこう話したのです。

「先生，昨日はね，アイスを食べたからもっと元気が出たんだよ。あと，日曜の夜にちゃんとランドセルの用意をしたんだよ」

◆子どもの中にはリソースが詰まっている

カオリさんは，家族に振り回されている子どもでした。しかし，例外的に登校できたときの，その成功の理由を聞かれたことによって，自分を励ます方法を，自分の中に見つけ出したのです。

先生方が本チーム会議を通じて解決志向の考え方になじんでくると，日常の学校生活のさまざまな場面で，子どものリソースを見つけ，それを生かすように子どもを支援することが可能になってきます。さらに，学級経営や子どもとの面談でも，解決志向を生かした質問ができるようになってきます。

このチーム会議の"ココ"がいい！

実践を続けてきた先生方に，本チーム会議のメリットをお聞きしました。

♥ 安心して参加できます

・守秘義務が守られること，批判・非難されない，悪者探しをしないというルールがあるので，安心して参加できます。
・声の大きい人の発言が優先されることなく，みんなが平等に扱われるので安心して発言できます
・最初に終了時刻が決まっているので，「何時まで続くのか」と時間を心配する必要がありません。

♥ 「気づき」が得られます

視点が増えることで，新しい発想を得たり，見方が逆転したりします。袋小路に入り込んでいた事例報告者の「ああ，そうだったのだ」という気づきが，本人の行動変容を促します。これが，子どもや保護者，同僚など，対象との関係性の変化につながります。

♥ チームが育ちます

解決志向の考え方を背景にした会議の中では，孤立感が減り，メンバー同士で勇気づけができます。メンバーが気持ちを一つにして向かっていける強い組織づくり（チームビルディング）ができ，これが，チーム支援をより強固なものにします。

♥ 自己選択・自己決定により，納得して実施できます

ブレーンストーミングで出された解決策の中から実施することを決める際には，本人が自己選択・自己決定します。自分で選んだことは，納得して実施できます。

♥ みんなが元気になります

・会議全般があたたかい雰囲気になって，エンパワメントが高まり，みんなが元気になります。
・会議終了時には，納得感・充実感・達成感が得られ，元気が出ます。
・教師の元気が，かかわる子どもや保護者，学級，ひいては学校全体の元気につながります。

♥ 「今日からできること」がわかります

・「どうしていいかわからない」と悩んでいた事例報告者が，今日からできることをつかむことができます。
・学校ではじっくり分析するより即対応を迫られる場面が多いため，この会議スタイルは学校現場に親和性があります。

第1章

ダイジェスト

早わかり！

解決志向チーム会議の特徴

「ホワイトボードでできる解決志向のチーム会議」とは何か。
その概要を最初にご紹介します。
いま求められているチーム会議の様相，
従来の会議との違いは何か，
ホワイトボードを使うメリット，
そして，事例を通して，本チーム会議の流れとポイントを紹介します。

1 なぜいま「チーム会議」なのか

　友達といつもトラブルを起こす子，教科書や学用品・宿題の持ち物が揃わず授業で困ってしまう子，学校にしぶしぶ登校し黙ってうつむいている子，学習にとても苦戦している児童生徒などなど……。学級にはケアの必要な子どもたちがたくさんいます。教師はこんな子どもたちを目の当たりにして，「何とかしたい」といつも考えています。

　また，すべての子どもたちに学校が楽しいと思ってもらえるように，支持的でよい人間関係のある学級・集団づくり，そしてよいコミュニケーションのある授業をつくりたいと願っています。

　しかし，子ども一人一人にていねいに接していくことが，学校では年々むずかしくなっています。

1　子どもたちの問題についての困り感

　まず，子どもたちを取り巻く環境が大きく変化しています。少子化・核家族化，共働き家庭の増加といった家族形態の変化，地域の教育力の低下などを背景に，子どもたちの集団生活・社会生活の希薄化が指摘されています。生まれたときからITに囲まれている子どもたちの遊び方や学習方法も変化し，PC・スマホへの依存やコミュニケーション力の低下による対面上・ネット上の人間関係トラブルも増加しています。

　さらに，経済格差が進み，「2019年国民生活基礎調査」によると，子どもの貧困率は14.0%。母子世帯の約86%が「生活が苦しい」と答えています。このように，子どもや家庭，その背景が複雑になり，これまでのような対応が通用しないことも増えてきました。また，学校や教師がどこまで介入できるのか，無力感を感じることも増えてきました。

2　学校は新 3 K（共有・共感・協働）時代に

　いっぽう，学校では若い教師の割合が増えています。学年 4 クラスの学級担任のうち，30代教師が 1 人，残りは20代教師という組み合わせになることも珍しくはありません。経験と勘と慣習（これを私は「古い3K」と呼んでいます）を頼りに，学級担任が 1 人で教室を掌握し，すべての子どもたちの悩みに答えることがむずかしくなってきています。しかも，支援ニーズの高い子どもが学級にいれば，その対応にかかりきりになって，ほかの子どもたちに目が向きにくくなることもあります。

　これからは，個々の学級のことであっても，教師がチームを組み，課題を「共有し共に考え，共感的，協働的に」，教育という仕事をしていくことが必要です（これを私は「新しい3K」と呼んでいます）。

3　「チーム会議」が学校の救世主に

　ご存じのように，学校の先生方はとても多忙です。特に学級担任の先生や，部活動顧問の先生は，週に 1 時間の会議時間を捻出することにさえ困難を感じています。ですから，「準備がいらず，短時間で確実に次の一手が見いだせて，途中で出入りする先生がいても会議が中断せず，先生方の元気とチームワークが高まり，どんなに大変な状況にも希望を感じることができる」──そんな会議の方法が，切実に求められているのです。

　そこで本書では，30分でできるチーム会議の方法を提案します。対象は，教育相談のコーディネーター的役割を担う先生を想定していますが，少し慣れれば，どなたでもどんな問題にも活用可能です。会議のやり方に先生方が慣れてくると，職員室の雰囲気が明るく変わってきます。「困った子」「問題のある保護者」が，いつのまにか「面白い子」「豊かな個性をもっている子」「保護者も一生懸命だったのだなあ」「やれることがまだある」というふうに見方が変わってきます。解決志向のものの見方と自由な発想力が，いつのまにか身についているのです。

これまでの会議

何も決まらないグチグチ会議

「気になる子どもの会議をしましょう」と提案しても，「緊急のときは仕方がないけれど……」を枕詞に，先生方からは次のような言葉が返ってくることがあります。「どうせ変わらないでしょ？」「部活が忙しくて」「結局は本人の問題だから……」

　教育相談や特別支援教育のケース会議は，多忙な先生方に，どうやら歓迎されない雰囲気があるようです。なぜなのでしょうか。それは，時間をつくって集まり，せっかく長い時間かけて会議を行っても，得られるものが少ないというイメージがあるからだと思います。

　以下は，先生方の話を聞いてつくった「なにぬねの」標語です。

こんな会議にうんざりしていませんか？

な ないない時間がないよ
会議より部活をしていたいと言う先生も。

に 逃げ道は「様子をみましょう」
この会議はなんだったの……とため息が出る。

ぬ 抜け出せない「原因探し・犯人探し」
問題・原因が芋づる式に出てきて手に余る。

ね 願いは「ほかの人が変わること」
成長してほしいね，わかってほしいねと。

の のらりくらりで決まらない
情報収集？　グチを言う会議？　この会議，何も決まらないね。

これからの会議 ✨

チームですすめるワクワク会議

いま,「チーム援助」が求められています。子どもを上手に援助するためには, 情報を共有し, 援助者そして「援助者の援助者」をつないでいくことが大事です。本書で紹介する「ホワイトボードでできる解決志向のチーム会議」は, チーム援助を短時間で可能にする, 忙しい先生方にぴったりの会議法です。さらにチームが育ち, 仲よくなります。

「この子はどうなりたいのかな?」「この子のリソース（資源）は何?」「いまできることは何かな?」と共に考えていくと, 次の一手が必ず見つかります。そして, 会議を通して, 悩んでいた先生が元気になり, しかも, 参加者の一体感が高まり, お互いに助け合って子どもを援助していこうとする雰囲気ができます。「ホワイトボードでできる解決志向のチーム会議」は, **みんなが元気になる会議**です。

みんなが元気になるチーム会議をしましょう！

は 話を聞き，ねぎらいのある会議
事例報告者の話を好意的によく聞きます。

ひ 開かれた関係の中で一緒に考える会議
ボードに書かれたことを見て思考を巡らせます。

ふ ファシリテーターは会議の進行を管理
時間・ゴール・ルールを大事にします。

へ （よい）変化はリソースです
うまくいく方法を探しましょう。

ほ ほんの30分でも充実します
短時間だからこそ集中できます。

2 ホワイトボードを使うメリット

　本チーム会議ではなぜホワイトボードに書くのか。それは，話し合いを見えるようにすること＝可視化（ファシリテーションではグラフィックといいます）には，以下のように，たくさんのメリットがあるからです。

可視化のメリット

①　話し合いが見える

　話し言葉はすぐに消えてしまいます。しかし書いてあれば，いつでもそこに戻っていけます。

②　目的・目標がぶれない

　目標を書いて明確にしておくことで，話が脱線しそうになっても，そこに戻ることができます。ファシリテーターは，「今日の目標はこれでしたね」と，その箇所を示して確認すればいいのです。

③　同じ話が繰り返されない

　同じことを繰り返し話す人がいても，「ここに書いてあることですね」と見せることで，時間短縮になります。

④　意見が平等に扱われる

　すべての意見を同様に書いていくので，声の大きい人の意見が通るということがなくなります。ホワイトボード上ではみんなが平等です。

⑤　途中から参加してもわかりやすい

　会議の途中で参加しても，ホワイトボードを見れば，それまでどんなことが話し合われたかがわかります。

⑥　個人メモリーからグループメモリーに

　会議中一人一人はメモをとりません。ホワイトボードに書かれた内容を

グループメモリーとして共有します。ホワイトボードに全員の意識が集中するので，参加者はみな顔を上げ，明るい雰囲気になります。

⑦　記憶から記録にする

　２回目以降の会議では，前回のホワイトボードの写真を見ながら，「やったこと，うまくいったこと，続けたいこと，新たにやってみたいこと」を話し合っていきます。ホワイトボードがそのまま議事録（記録）の役目も果たしてくれます。

⑧　参加した保護者や担任がチームになれる

　この会議のよさとして，「ホワイトボードに全員が向かっているという感じがある」「だれの意見でも平等に書かれる」「事例報告者が責められる感がない」という感想をよく聞きます。こうした一体感を感じられることが，日常生活でのワンチームづくりにつながるのです。

⑨　解決への希望が感じられる

　会議で話し合う問題の中には，解決への希望が見いだせないような深刻なケースもあります。そんなときは，ホワイトボードにもつらい情報ばかりが並びます。しかし，ファシリテーターが黒ペンから青ペンに持ちかえて，これからやってみたいことを書きすすめ，青い部分の面積がどんどん広がっていくと，先生方はほっとすると言います。「まだ自分にもできることがある」と，感じられるからです。厳しい状況の中でも，児童生徒がいまより悪くならずがんばっている姿がある。なぜ子どもはそのように踏ん張れているのか……こんなふうに，ホワイトボードを眺めながら考えるだけでも，そこにはたくさんのリソースがあることがわかります。

　たりないものやないものではなく，「すでにあるもの」を探し，生かしていこうとする姿勢が，「ホワイトボードでできる解決志向のチーム会議」なのです。

　次に，本チーム会議の実際をご紹介します。

3 ホワイトボードの活用法

事例 落ち着きのない児童への支援 （小2男子）

目標（今日のゴール）

「アキラさんが，邪魔をしないで授業をちゃんと受けるために，できることは何か」
（ゴールメンテナンス）➡「アキラさんのやる気を認めるのにはどうしたらいいか」

◆事例報告（現状）

・周りが気になり，じっとして
　いられない。
・ランドセルの中身を机の中に
　入れずに，友達とゲームの話。
・提出物を出さない。
・授業中，教科書を出さない。
・担任の話は聞いているが，ひ
　らめいたことを勝手に話す。
・プリントに書くのは嫌。書き
　上げたことがない。
・注意すると，初めは書くが，
　すぐに飽きて話し始める。

◆質問（リソース探し）

・学力は普通より高い（ISSは60）。
・書くのが苦手。面倒くさい様子。
・友達は多いほう。ときどきマイルール。
・周囲から嫌われてはいない。仕切り屋。
・母は忙しい。あまり
　気にしていない。
・中3の姉は優秀。
・隣家の父方祖父母とは
　あまり出入りはない。
・父も仕事で忙しい。
・医療受診はなし。

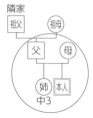

ジェノグラム
（⇒138ページ）

目標（今日のゴール）

　目標は，事例報告者に決めてもらいます。会議の途中でも，事例報告者が目標を変える必要があると判断した場合には，いつでもゴールを変更できます。

事例報告（現状）

　事例報告者は5分間で行います。限られた時間で大切なことから話してもらいます（内容は黒ペンで記入）。時間切れになったら，次の「質問」で補います。

質問（リソース探し）

事例報告者が参加者の質問に答えるうちに，たくさんのリソースが発見されます。例えば，破線部は，「いつもランドセルを片づけない」という事例報告者に対して，「片づけている日はない？」と投げかけた結果，出てきたリソースです（例外探し⇒144ページ）。

終了時刻

会議の時間は30分。終了時刻が明確になっていることで，安心できるスピーディな会議になります。

終了時刻 16：30

・好きなことは，ゲーム，絵を描く（細かい絵も描く）。体を動かして遊ぶ。
・積極的に係の仕事をする。
・ランドセルを片づけているのは，全校朝会がある日。黒板に予定が書かれている日。

◆ブレーンストーミング（解決策）

・席を先生の近くにして，書く活動のときに声をかける。
・書く活動のときに，することがわかっているか，みてあげる。 ◀— 継続することには赤ペンで下線
・いい発言を取り上げて，賞賛する。
・いい発言の仕方をしたときに，ちゃんとできたことを伝える。
・ルール無視の発言をしたときには，手で合図してストップする。
・個人的に話す機会をつくり，アキラさんのいいところを担任が知っていると伝える。
・保護者に学校での様子を伝えて協力してもらう。
・みんなの役に立つ役割をつくってやらせる。
・よかったことを連絡帳に書いて，家の人に認めてもらう。
・帰りに呼んで，今日のよかったことを伝える。（担任・音楽担当）
・朝，その日のスケジュールをどこかに書いておく。

次回 10月17日（水）16：00〜 会議室

ブレーンストーミング（解決策）

目標にたどり着くために，これからできることは何かを考え，出し合います（青ペンで記入）。

決定

案が出つくしたところで，実施することを，事例報告者が選びます（赤ペンで囲む。継続することには下線をひく）。

次回

次回が決まっていれば，そこで実施の成果を報告することになるため，意欲が高まります。また，解決策の有効性を検証できます。

➡ 実際の会議の様子は次ページから紹介します

ホワイトボードでできる解決志向のチーム会議の実際
落ち着きのない児童への支援（小2男子）

　ここでは，前ページで掲載したホワイトボードの内容について，実際の会議の流れとポイントをご紹介します。

　A小学校のある日の放課後，会議室のホワイトボードの前に，5人の先生方が集まりました。2年1組のアキラさん（仮名）の学級担任，2年生の学年主任，養護教諭，教頭先生，教育相談主任（兼特別支援教育コーディネーター）です。今日は，教育相談主任がファシリテーター（司会役）となり，アキラさんの支援について，チーム会議を行うことになりました。

教育相談主任
（ファシリテーター）

（事例報告者）

担任　　　　　学年主任　　　　　　養護教諭　　　　　教頭

文中の略語 ファシリテーター：FA，学級担任：担，参加者：参，ホワイトボード：WB
※文中下線部は，ホワイトボードに記入した言葉。

1 場を開く

FA：みなさんお忙しいなか，時間をつくってお集まりいただき，ありがとうございます。これからチーム会議を始めます。会議の目的は，本校の教育相談部が掲げる「社会性と自立心を育てる」ことです。

まず，この会のルールを確認します。「守秘義務」と「解決志向」です。原因探しに時間を使わず，明日からできそうな具体的なことを話し合いましょう。終了時刻は16：30です。

FA：参加者がそろいましたので，チェックインを兼ねてアイスブレーキングを行いましょう[※1]。順番に，「名前」と「最近のハッピーかラッキー」を紹介してください。私からお話ししますね。「私は，今回ファシリテーターを務めます神田（仮名）です。今朝，うちのクラスの○○さんが友達と仲よく遊んでいたのを見てうれしかったです」……では，時計周りでお願いします（全員が行う）。

※1　参加者が顔見知りの場合，アイスブレーキングは行わなくてもかまわないが，行うことで緊張が解け，チーム感がより高まる。

2 目標（今日のゴール）設定

FA：今日話し合いたいのは，2年1組のアキラさんについてです。学級担任の先生は一生懸命かかわってくださっているのですが，なかなか改善しないので，何ができるかをみなさんで一緒に考えたいと思い，この会で取り上げることになりました。

では，学級担任の安藤先生（仮名），アキラさんについて，どんなことを話し合ってもらいたいですか？　どんなことを話し合うと，安藤先生やアキラさんのお役に立つでしょうか？

担：アキラさんは，落ち着かない状態が続いているので……。友達の鉛筆を黙って使ったり，注意すると文句を言ったり，ルールが守れなかったり。宿題もまったく提出しません。教科書を用意したりするのが遅

くて，強く言わないとダメな感じです。それから……（と，さらに言いかける）

FA: 安藤先生，気になることがたくさんあるのですね。毎日のご指導，大変ですね。ここは少し絞って，みんなで話し合うとしたらどんなことがいいでしょうか[2]。

担: そうですね……。ひとことで言えば，邪魔をしないで授業をちゃんと受けてほしい。ですから，「アキラさんが，邪魔をしないで授業をちゃんと受けるために，できることは何か」でお願いします。

FA: ──WBに黒ペンで目標（今日のゴール）を記入しました。

FA: では，「アキラさんが，邪魔をしないで授業をちゃんと受けるために，できることは何か」，話し合いを進めたいと思います。なお，ゴールは途中でも変更可能です。

※2　事例報告者の話がまとまらないときは，ファシリテーターが相手をねぎらいながら介入する。

3　事例報告

FA: 安藤先生，アキラさんの情報を教えてください。5分でお願いします。
──ファシリテーターは，担任の報告を，黒ペンでホワイトボードのいちばん左側に書いていきます。

担: アキラさんは，周りが気になってじっとしていません。朝，登校してもランドセルの中身を机の中に入れることも忘れ，友達と大声でゲームの話をしています。ですから，私が教室に行くとランドセルはまだ机の上にあります。当然，宿題などの提出物も出しません。授業中は教科書を出しません。でも私の話は聞いていて，ときどきひらめいたことを勝手に話し出すんです。プリントに書くのは嫌で，きちんと書き上げたことがありません。書くように注意すると，初めはちゃんと書くのですが，すぐに飽きて話し始めます（略）。

FA：5分たちましたので，ここでいったんストップしましょう。伝えきれなかったことも，次の質問タイムで，質問に答えるうちに明らかになることも多いので安心してください。安藤先生は，とても手のかかるお子さんの指導を，一生懸命なさってきたことを感じました[3]。

---

[3] 長くなりがちな事例報告を5分で切り上げるのが，会議を効率的に進めるポイント。ファシリテーターはねぎらいの言葉をかけて，次の質問タイムに移る。

4 質 問

FA：ここで，質問の時間にしましょう。問題を探るのではなく，解決に向かうためのリソースがたくさん出るといいですね。

　　──ファシリテーターは，参加者に質問を促し，情報を黒ペンで書いていきます。みるみるうちにボードの左半分が埋まっていきます。

参：アキラさんの学力はどうですか？

担：学力は普通より高いです。ISS（知能偏差値）は60です。書くのが苦手な感じですが，機能的に書けないというより面倒くさいみたいです。

参：友達はいますか？

担：友達は多いほうです。ときどきマイルールで遊んでしまうことがありますが，周囲から嫌われてはいないですね。むしろ，仕切り屋です。

参：家庭ではどうなのでしょうか？

担：お母さんには一度相談したことがあったのですが，お忙しいらしく，あまり気にしている様子はありませんでした。中3のお姉さんはとても優秀だと聞いています。

参：家族構成を教えてください。

担：お父さん，お母さん，中3の姉，本人の4人です。隣に父方の祖父母のお家があると聞いています。祖父母のところにはあまり出入りしないようです。お父さんも忙しいお仕事のようです。

参：これまで医療受診をしたことはありますか。

担：ないと思います。学力もまあまあで，文字も読めますし。

参：アキラさんが興味をもっていることや好きなことはなんですか？

担：ゲームですかね。あと，絵を描くのが好きです。けっこう細かく描きます。体を動かして遊ぶのも好きですね。

参：友達には嫌われないということでしたが，どんなところからそれを感じますか？

担：う〜ん，わりと積極的に係の仕事をしたりするからかな。

参：朝，ランドセルを片づけないのは毎日ですか？　そうでなかったときはなかったですか？[※4]

担：そういえば，ときどきは片づけています。珍しいなあと思って見ています。それはどんなときかというと……全校で朝会がある日は片づいているかも。黒板に予定が書かれている日かな。（略）

※4　これは，解決志向アプローチでよく使われる「例外探し」の質問技法。例外的にできていることの中に解決のヒントを探していくもの。できていることを見つけ，どのようにしてそれができたのかを考えさせることで意識づけていく。

5　目標の確認

FA：アキラさんについての情報がたくさん集まりました。リソースも集まりましたね。ここで，目標がこれでいいか，立ち止まってみましょう。安藤先生，いかがですか。[※5]

担：うーん，こうして情報を見ると，アキラさんは，邪魔をするというより，認めてもらいたいのかあと思いました。ですから目標を「アキラさんのやる気を認めるのにはどうしたらいいか」に変更したいです。

FA：（WBに，変更した目標〔ゴールメンテナンス〕を記入。）これでいいでしょうか？

※5　質問が出きったところで，目標の確認を行い，必要があれば事例報告者が自己決定し，目標を変更する（ゴールメンテナンス）。

6 ブレーンストーミング

FA：では，「アキラさんのやる気を認めるにはどうしたらいいか」について，ブレーンストーミングを行います。これは無理！ などと言わず，まずどんどん意見を出してみましょう。

　　——ファシリテーターは，次々に出るアイデアにうなずきながら，ホワイトボードに青ペンで書いていきます。

参：席を先生の近くにして，書く活動のときに声をかける。

参：書く活動のときに，することがわかっているか，みてあげる。

参：いい発言を取り上げて，賞賛する。

参：いい発言の仕方をしたときに，ちゃんとできたことを伝える。

参：ルール無視の発言をしたときには，手で合図してストップする。

参：個人的に話す機会をつくって，アキラさんのいいところを担任が知っていると伝える。

参：保護者に学校での様子を伝えて協力してもらう。

参：みんなの役に立つ役割をつくってやらせる。

参：よかったことを連絡帳に書いてお家の人に認めてもらう。

参：帰るときに先生のところに呼んで，今日のよかったことを伝える。

参：朝，その日のスケジュールをどこかに書いておく。

7 実施することの決定

FA：たくさんのアイデアが出ました。さすがですね。ここからは安藤先生にどんなことを実際に行うかを決めてもらいましょう。[6]
すでに行ってきていることもあるかと思います。引き続き行いたいこともお話してください。担任以外の先生方も，自分はこれができるということがありましたらお話しくださいね。

　　——ファシリテーターは，事例報告者（担任）が行ってみたいことを赤ペンで囲み，つけたしがあればそれを書きます。継続したいことに

は，アンダーラインをひきます。

担：うーん。こんなにやれることがあるんだなあと驚いています。
全部やってみたいですが……まず，<u>ルール無視の発言は黙って手で止</u>
<u>めるようにしたい</u>と思います。それから，<u>朝学校に来たら，まずする</u>
<u>ことやスケジュールを書いておこう</u>かな。小さいホワイトボードが役
に立ちそう。それから，<u>帰るときに呼んで，今日のいいところを伝え</u>
<u>たい</u>と思います。連絡帳にも書こうかな。あと，「書く活動のときに，
することがわかっているか，みてあげる」というのはこれまでも行っ
てきたので，引き続き行っていこうと思います。

参：私はアキラさんの音楽の授業を担当しているので，彼が行ったよい行
動について，すかさず「いいね！」を出していきたいと思います。

FA：これから試してみたいことは……（赤色で囲んだところ，下線をひ
いたところを読み上げる）ですね。安藤先生ならきっといい結果を出
すと思いますよ。ほかの先生方の応援もありがたいですね。

※6　行うことは，事例報告者本人が自己選択し，自己決定する。これによって納得
感のもと，「次の一手」（解決策）が実施できる。

8　次回の日時告知

FA：次回のチーム会議は，2週間後の10月17日水曜日の16時から30分
間行います。場所は同じ会議室です（WBに記入）。

9　振り返り

FA：これで今回のチーム会議は終わりますが，次回までに決定したことを
実施しましょう。次回は，よい変化をみんなで見つけて報告すること
から始めたいと思います。では，残りの時間で振り返りをしましょう。
安藤先生，チーム会議を行ってみていかがでしたか。

担：情報を書いてもらって，アキラさんについてよくわかっていなかった
　　し，困ったところだけを見ていたのかもしれないと思いました。実は
　　とてもやる気のある子なのではないかとさえ，思えてきました。この
　　会議で気がついたことです。[※7]　みなさんにもいろいろわかっても
　　らえたし，応援してもらって，うれしい気持ちです。[※8]

FA：参加者の先生方から安藤先生へ応援のメッセージをお願いします。

参：安藤先生がアキラさんを，とても大切に思っているということがわか
　　りました。きっと彼といい関係ができると思います。

参：実はうちの学級にも同じようなお子さんがいて，とても参考になりま
　　した。このようなチーム会議を，ぜひまた開いてもらいたいです。

参：一緒に考えることで，自分もがんばろうという気持ちになっています。
　　この仲間ならできるなあという感じがします。

※7　本人がいままで気がついていなかった「気づき」を得られるのが本チーム会議
　　の大きな特徴。
※8　参加者のあたたかい支援を感じ，事例報告者が元気になる。支援した参加者も，
　　みなハッピーな気持ちになって会を終わることができる。

・・

　最後に，会議の記録として，ホワイトボードに記入された内容をデジタ
ルカメラで撮影して終了です。

37

Column 1

話し合いを「見える化」するコツ

佐藤節子

「みなさんが見ている前で，ホワイトボードに書くのは緊張します。自信がないです」という声をよく聞きます。でも，考えてみてください。授業では子どもたちの前で黒板に書いていますよね。いつもしていることなのですから，緊張しなくてもいいのです。大事なことは，きれいにていねいに書こうと思わないことです。読めればいい！の気持ちで。漢字を忘れたときや字画が多い漢字は，ためらわずカタカナで書きましょう。

もう一つのコツは，できるだけ話されたとおりに書くことです。私が受講した日本ファシリテーション協会の基礎研修にも，グラフィック（描くこと）の練習ワーク「対話を描いてみよう」がありました。話し手の言葉を勝手に解釈せず描く練習は，大変ためになるものでした。

ワークの概略：3人グループで行います。1人は描く役目，ほかの2人は，描き手を意識せずに，お題にそって7分間対話をするのが役目です（話題の例：人生の成功とは何か，学生時代に何を学ぶべきか，ライフワークバランスはなぜ必要か，教師のやりがいとは，など）。対話の間，描き手は，ホワイトボードに2人の発言をひたすら描きます。描き方は，時系列，タイトルを真ん中にして散らす，6〜9分割に仕切って曼荼羅風に描くなど，どんなふうにしてもかまいません。7分たったら，描き手は傍線や矢印などを入れるなどしてホワイトボードを整理します（1分間）。最後に3人で，対話の内容と描かれた内容について振り返りを行います。

7分間描き続けるのは労力がいりますが，何度も経験することで描くことに抵抗がなくなり，話し合いや対話を描く力が増します。また，発言を描かれる立場についても体験することで，「内容を選ばず描くことが話し手の存在を承認する」「ホワイトボードを見ることで気づきが深まる」ことが素直に感じられます。学生の板書練習としても好評です。

第2章

理論編

これが土台!

解決志向チーム会議の考え方

本チーム会議の理論的支柱となる考え方は二つ。
「解決志向」と「ファシリテーション」です。
この二つの支柱の思想と技法についての基礎と,
これらをどのように活用して
チーム会議を進めるのかを説明します。

1 解決志向アプローチ
──過去志向から，未来志向へ

　ホワイトボードでできる解決志向のチーム会議（以下，本チーム会議）の理論的支柱の一つ目は「解決志向アプローチ」です。

　本チーム会議では，解決志向アプローチの中心哲学となるルールと発想の前提と呼ばれる考え方，適切なゴールの条件を参加者に折にふれ，理解してもらいます。これによって，「原因探しの会議」から「解決志向の会議」へと大きく変化するのです。

　過去にとらわれず，未来に目を向けるこのアプローチ法は，教育の世界にとてもなじみやすく，教師だけでなく，子どもをサポートするあらゆる人々に希望と勇気を与えてくれます。ここでは，おもに，森俊夫・黒沢幸子『解決志向ブリーフセラピー』（ほんの森出版）の内容を引用・参考にしながら，本チーム会議での活用をみていきます。

1　解決志向アプローチとは

　カウンセリングには三つの大きな流れがあります。心理力動的心理療法（精神分析的心理療法），認知・行動論に基づく行動療法，そしてロジャーズを代表とする人間性主義的心理療法です。これに対して，比較的新しいカウンセリングの潮流の一つに，短期療法（ブリーフセラピー：brief therapy）があります。ミルトン・エリクソン（Milton H.Erickson）を源流とする短期療法のたくさんのモデルの一つに，システム論的心理療法である家族療法をルーツにもつ，解決志向アプローチ（Solution Focused Approach：SFA）があります。これは，解決志向ブリーフセラピーとも呼ばれます。

解決志向アプローチについて，黒沢は次のように述べています。

「『解決志向』のアプローチでは『問題』ではなく，『うまくいっていることは何か』を見つけます。『問題の原因』ではなく解決像（望む解決の状態や未来の姿）がどのようなものであるかを探ります。その望む解決の状態に向けて具体的な目標を設定し，うまくいっていることや役に立つことを積み重ねていくことで，解決の状態を新たにつくっていくのが解決志向アプローチの取り組みです」（黒沢・渡辺，2017）

例えば，多くの場合，不登校になった原因は複数あります。また，過去に戻って原因を取り除くこともできません。ですので，たとえ原因がわかっても，それが解決に役に立つとは限らないのです。

それよりも，その子の願いは何か。不登校が解決した先に描く姿はどのようなものか。うまくいっていることや役に立つことは何か。それをどう組み立てていくか……。これらを考え，実行することのほうが，はるかに解決（未来）に結びつくと思います。

従来のカウンセリングは，「問題」を明らかにし，問題そのものにアプローチすることで解決を試みようとします。解決志向アプローチは，その人のもつ「リソース（資源・資質）」に注目して，新しい未来（解決像）をつくることをめざします。問題（原因）が解消していなくても，新しい未来をつくることは可能だと考えます。このような発想の転換ともいうべき問題のとらえ方に，解決志向アプローチの大きな特徴があります。

2 解決志向アプローチの哲学

解決志向アプローチにおける解決とは，「新しく何かが構築されること」「よりよき未来の状態を手に入れること」（黒沢，2002）です。そのために，その人がもつ「リソース（資源・資質）」に注目して，よい循環が生じたり広がったりすることを考えます。

リソースは，その人の中や周りに「すでにあるもの」で，解決に役立て

られるもののことです。一般に，好きなこと，得意なこと，夢中になれること，持ち物，支えてくれる家族，仲間，先輩，親戚，ペットなどが，リソースになりやすいといえますが，有効に活用できるのであれば，問題と関連していることや問題そのものでも，リソースとなりえます。

解決像につながるリソースの発見のために，解決志向アプローチには次のようなシンプルな三つの中心哲学があります。

解決志向アプローチの中心哲学（三つのルール）

ルール1　うまくいっていることは変えるな
ルール2　一度でもうまくいったことは続けよう
ルール3　うまくいっていないのであれば，違うことをしよう

---

(1) ルール1　うまくいっていることは変えるな

うまくいっていることはリソース（資源）です。しかし，うまくいっている状態があたりまえとなり，それがリソースとは認識されなくなり，失われてしまうと，全体のバランスまで崩れてしまうことがあります。

例えば，給食配膳の係について，感染症予防のために少人数で作業をする方法を採用したとします。子どもたちもその方法が気に入り，それがうまくいっているなら，感染症が収束した後も以前の方法には戻さず，続けたほうがいい，といったことです。

(2) ルール2　一度でもうまくいったことは続けよう

何かうまくいかないことがあるとき，私たちは，「何をやってもダメ」「いつもダメ」と思い込んでしまいます。しかし，ほんとうに100％ダメなことばかりでしょうか？　うまくいったこと（例外）があっても，そのことに気づいていないだけ，ということはないでしょうか？

例えば，「今日は偶然にできただけ」とやりすごしている場合や，「理屈

に合わない」としりぞけてしまっている場合もあるでしょう。

　一度でもうまくいったことは，大きなリソースです。本チーム会議では，参加者に多様な視点から質問してもらうことで，このような例外や小さな変化（リソース）を見逃さないようにしていきます。

(3)　ルール3　うまくいっていないのであれば，違うことをしよう

　うまくいっていないのに，同じ働きかけを繰り返してしまうことがあります。例えば，子どもに「静かにしなさい」「座りなさい」と繰り返し注意しているのに，子どもたちが指示に従わないといった場合です。注意の目的は，子どもを静かに着席させることです。着席しないのなら効果がないし，それどころか子どもとの関係を悪くしてしまっている可能性すらあります。うまくいっていないときは，とにかく何か違う行動を起こしてみることです。自由な発想で，手をかえ，品をかえ，対応を工夫します。

3　解決志向アプローチの発想の前提

　解決志向アプローチには，上記の中心哲学三つのほか，「発想の前提」と呼ばれる大切なものの考え方があります。それは以下の四つです。

解決志向アプローチの発想の前提

発想の前提①　変化は絶えず起こっており，そして必然である

発想の前提②　小さな変化は大きな変化を生み出す

発想の前提③　「解決」について知るほうが，問題の原因を把握することよりも有用である

発想の前提④　クライエントは，彼らの問題解決のためのリソース（資源・資質）をもっている。クライエントが，（彼らの）解決のエキスパート（専門家）である

---

(1)　発想の前提①　変化は絶えず起こっており，そして必然である

「あの子は変わらない」「あの親は何を言っても変わらないから子どもも変わらない」などと，無意識に決めつけていると，「何をやっても無駄」と思考停止状態に陥ってしまいます。

しかし，この世界にあるものすべては常に変化していて，瞬時もとどまることはありません。むしろ，ずっと同じであることのほうが，あり得ないことなのです。

「変化は必ずある」と思って目を向けると，案外探し出せるものです。例えば，「昨日は15分泣いていた子が，今日は14分で泣きやんだ」「いつも宿題をやってこない子がやってきた」……このようなことが起きたら，それはとても大事な変化だといえます。

本チーム会議でも，「変わらないものはない」を前提に，解決策を探していきます。

(2)　発想の前提②　小さな変化は大きな変化を生み出す

解決志向アプローチでは，小さな変化がつながりながら大きな変化へ発展していくと考えます。

例えば，相談室登校をしていたある中学生が，商業高校入学をめざすことになりました。そのきっかけは，こんな教師のひとことでした。「あなたの文字はとても読みやすいな。特に数字が読みやすいね。その能力はこれから生きるよ」。

大きな変化が起きるまでには，ドミノ倒しの最初の1枚になるような，小さな変化が必ずあるはずです。この小さな変化を見つけたり，きっかけをつくってあげたりすることは大切な支援です。

本チーム会議でも，話し合いの目標（ゴール）は小さく（低く）設定します。「急がば回れ」で小さな変化を生じさせることが，やがて大きな変化へとつながっていきます。

⑶　発想の前提③　「解決」について知るほうが，問題の原因を把握することよりも有用である

　解決志向アプローチでは，問題の原因を探すよりも，「私たちはこれから何を？」と未来に目を向けることが，解決に役立つと考えます。

　ある不登校の子どもは，相談室での面談で，友達とのトラブルについてたくさん話してくれました。また，「もしも学校へ行けたら，そのとき何が起こっていると思う？」という質問に，「朝，お母さんに自然に『おはよう！』って言っている」と話してくれました。

　「不登校は問題だ」と考えると，不登校が解消するまで原因探しが続きます。子どもが追い詰められていきます。いっぽう，不登校にこだわらず，「この子はどうなりたいのか？」と考えると，「『おはよう』と自然に言える穏やかな朝のイメージ」が見つかります。子どもの心の中に眠っている「どうなりたいか」をつかむことが大切なのです。本人が描くイメージは実現しやすく，解決へ近づく道が見えてきます。

⑷　発想の前提④　クライエントは，彼らの問題解決のためのリソース（資源・資質）をもっている。クライエントが，（彼らの）解決のエキスパート（専門家）である

　解決志向アプローチでは，「この子自身の中に，解決のもとになるリソースが必ずある。この子自身が，自分の未来の生き方をつくっていくエキスパートなのだ」と考えます。

　容姿に劣等感があり自信をもてない生徒が，「美容師になりたい。メイクで自分もほかの人も元気づけられるから」と願いを語ってくれました。この生徒は，自分の苦しさをリソースに，人の役に立つ方法を一生懸命に考えたわけです。私たち教師は，「この子のどんなリソースを，どう使ったらいいのだろう」と，その発見をお手伝いできるだけです。リソースの発掘は，その子にとってのキャリアアンカー（進路を考えるうえで最も大切にしたい価値観や考え方）を発掘する作業でもあるのです。

4 解決像とゴール

解決志向アプローチでは，解決像に近づくための適切なゴールの条件として，以下の三つをあげています。

よいゴールのための三つの条件

ゴールの条件① 大きなものではなく，小さなものであること
ゴールの条件② 抽象的なものではなく，具体的な，できれば行動の形で記述されていること
ゴールの条件③ 否定形ではなく，肯定形で語られていること

---

(1) 大きなものではなく，小さなものであること

解決像に近づくために，いまあるリソースに注目し，そこからスモールステップで達成可能な小さなゴール（目標）を設定します。

(2) 抽象的なものではなく，具体的な，できれば行動の形で記述されていること

目標達成の検証が可能なように，具体的な行動の形でゴールを設定します。例えば，「不登校の子が登校できるようになる」なら「週に1回母親と一緒に別室登校できるようになる」といったことであり，「立ち歩きがなくなる」であれば，「月曜日の1限目の社会の時間は座っていられるようになる」といったことです。

(3) 否定形ではなく，肯定形で語られていること

ゴールは特定されてはじめてゴールになります。「〇〇しなくなる」「〇〇がなくなる」という否定形ではなく，「〇〇ができるようになる」という発想でゴールを設定します。

2 ファシリテーション
——本チーム会議におけるファシリテーターの役目

1 ファシリテーターの役目

　本チーム会議の二つ目の理論的支柱は，「ファシリテーション」です。ファシリテート（facilitate）の元来の意味は，「促進する，容易にする，円滑にする，スムーズに運ばせる」であり，「集団による知的相互作用を促進する働き」をファシリーテーション（協働促進・共創支援）と呼びます（堀公俊『ファシリテーション入門』日経新書）。

　本チーム会議では，参加者は**「共有→発散→収束→決定」**という思考の流れをたどります。ファシリテーターは中立的な立場で，このようなチームのプロセスを管理し，チームワークを引き出し，そのチームの成果が最大となるように支援します。

　堀によると，ファシリテーターによるチームへの働きかけには，大きく分けて以下の四つがあります。これにそって，本チーム会議におけるファシリテーターの役割をみていきます。

⑴ 場をつくり，つなげる

　意見の出やすい居心地のよい環境をつくるのも，ファシリテーターの役目です。何を目的にするか，どんなメンバーを集めるのか，どういうやり方ですすめるか……ファシリテーターは場のデザインをします。例えば，本チーム会議の参加者を招集する際には，職員室の予定板にスケジュールを書いておくとか，一人一人に案内状を配ることもあります。

　発言がしやすい会場レイアウトの一つに，「シアター型」があります。

机は使わず椅子をホワイトボードの周りに並べるため，互いの距離が近く，チーム意識が高まります。本チーム会議でもこの形をとっています。

また，アイスブレーキングを行い，場の雰囲気を和やかにすることもあります。「最近あったちょっとうれしいこと」や「私の好きな○○」など，短時間で話せる内容をお題にしたアイスブレーキングがおすすめです。参加者確認（チェックイン）をかねてやってみましょう。

話し合いの前には，ルール(行動規範)をわかち合います。本チーム会議では「守秘義務と解決志向」という二つのルールを必ず確認します。

⑵　受けとめて，引き出す

ファシリテーターは，会議のねらいにそって，多くの視点からアイデアが出されるように，参加者の話を傾聴し，時に質問し，時に柔らかく主張して，話し合いを方向づけます。

本チーム会議では，発散的思考の方法として，アイデアの発想法の定番「ブレーンストーミング」（以下，ブレスト）を用います。ブレストを進めるときの四つのルールを本チーム会議では次のように表現しています。

> 批判厳禁，自由奔放，質より量，便乗歓迎

発想の連鎖を途切れさせないよう「批判は厳禁」。評価も批評もしません。「こんなことを言っては……」などの心配はご無用です。「質より量」でたくさん出せば，発想の枠がはずれ，その中に光るアイデアが見つかることも多いものです。「自由奔放」な奇抜なアイデアを歓迎することで，場は楽しい雰囲気になります。「便乗歓迎」で，ほかの人から出た提案にヒントを得てアイデアを広げます。

もしも，話題が関係ない方向へそれてしまったり，チーム会議のルールが守られなかったりした場合は，「解決志向でお願いします」「もう少し短くお話していただけませんか？」「ここは聞きましょう」「その話は，ちょっと横に置いてもいいですか？」「少し横道にそれているようですが，み

なさんどうしますか?」などと, ファシリテーターが軌道修正します。対
人関係のスキルを駆使してはたらきかけましょう。

⑶ かみ合わせて, 整理する

　ファシリテーターは, 参加者それぞれの言いたいことが一目瞭然になる
ように, ホワイトボードに発言を書いていきます。でも, 上手に書く必要
はないのです。読めればいいのです。漢字の画数が多すぎて素早く書け
ないとき, とっさに漢字が出てこないときは, カタカナで書きましょう。

　例えば, あなたが会議で発言したとき, 「つまり, ○○ということですね」
と言いかえられて, 違和感を抱いた経験はありませんか? 要約したりワー
ドだけを書いたりすると, その人の言いたかったニュアンスが伝わらな
いことが多くなります。そこで, 本チーム会議では, 参加者の発言は, な
るべく話されたとおりに書くことをおすすめします。どこがポイントかわ
からない場合は, 質問して, 本人の言葉でひとことにまとめ直してもらう
ようにしましょう。

　また, 書くときにホワイトボードマーカーの色を分けると, わかりやす
くなります。本チーム会議では, **情報・リソースは黒, 解決のための案は
青で記入し, 決定したことは赤で囲んだり下線を引いたりする**というよう
に, 色分けしています。

⑷ まとめて, わかち合う

　意見がまとまっていくプロセスでは, ファシリテーターは意思決定の質
に注目して介入します。何が決まったか〔コンテンツ〕ということも大事
ですが, その決まり方〔プロセス〕によって, 話し合いから得られる参加
者の納得度が変わるからです。トップダウンや安易な多数決で, 集団浅慮
〔グループシンク〕に陥らないようにしたいものです。

　本チーム会議では, 「具体的にはどんなことをしましょうか?」「いつま

で取り組んでみますか？」などの質問を使って，ブレストで出されたたくさんのアイデアの中から，事例報告者に自ら行うことを選択してもらったり，参加者一人一人にできることを宣言してもらったりして，結論をまとめていきます。

　自己決定は，当事者の主体性や自己効力感を増し，それにより行動変容につながりやすくなります。

2　その他の手法

　これまでに取り上げたもの以外にも，会議がサクサクと進み，あるいはグループの思考が容易になるために，情報を視覚化したり，参加者が話しやすい雰囲気をつくったりするファシリテーションの技法には，さまざまな方法，多くのフレームがあります。例えば，さまざまな立場の人がリラックスした雰囲気の中で対話ができる「ワールドカフェ」，ポジティブ心理学を基軸にした「AIインタビュー」などがあります。

　本チーム会議にかぎらず，会議進行の向上をめざす人は，ワークショップに参加するなどして，これらに親しんでおくとよいでしょう。

　また，ファシリテーションのワークショップに出るといつも実感することですが，ワークの多くは，解決志向に近い考え方で実施されます。それは，ファシリテーションの目標が，集った人々と価値を創造することにあり，新たな価値の創造のためには原因追及よりもリソース探しに重点が置かれるからだと思います。このように，「解決志向アプローチ」と「ファシリテーション」は，とても相性がいいのです。

3　ファシリテーションとSGE

　私（佐藤）は，2009年に学校現場から教職大学院で授業をすることになり，そのときに「エンカウンターのリーダーができるから」という理由で，ファシリテーションの授業についても命を受けました。

　折衷主義である構成的グループエンカウンター（SGE）のエクササイズには，解決志向のものもあれば，ワークショップ型のものもあります。そのため，「なんとかなるだろう」と気楽に考えていました。しかし，実際に授業が始まると自転車操業で，本に書いてあるワークを学生と一緒にやってみるなど，授業をしながらファシリテーションを学びました。また，基礎講座やさまざまなワークショップにも足を運びました。

　体験してみて，SGEリーダーとファシリテーション型のリーダーシップには次のような異同があることに気づきました。

　SGEリーダーは，ふれあいと集団体験（エクササイズ）を触媒に，参加者の思考・行動・感情にアプローチし，個の心理的成長を図ります。自己理解を促すために，「どう感じたか？」「なぜそのように感じたか？」と参加者に質問し，内面を語ってもらうことを大切にします。

　いっぽう，ファシリテーション型のリーダーシップでは，「それはいつ？」「どこで？」「いちばん困っていることは何？」などの質問で，創造に役立つ具体的な事実や出来事を引き出すことをめざします。

　集団の相互作用を大切にするところや，メンバー同士のリレーションを促進する働きかけ，人・時間・プログラムなどの「構成」の考え方には，両者には共通点が多いと感じます。

　また，体験するプロセスを大事にしていること，頭で先にある結論を考えるのではなく，エクササイズやワークを体験するなかで，納得感をもって自分に気づいたり，合意形成をしたりすることは，ファシリテーションとSGEに共通する点だと思います。

　SGEに親しんだ人が「ホワイトボードでできる解決志向のチーム会議」のファシリテーターを行う際は，このような異同について意識していただくと，スムーズに実施できると思います。

Column 2

チーム援助を促進させる解決志向のチーム会議

伊藤なおみ

ホワイトボードでできる解決志向のチーム会議に参加していると，自分が事例報告者になったかのように錯覚することがあります。ブレーンストーミングのときは，自分ならこうしたいというアイデアが次々わいてきます。苦戦している子どもが一歩前に進むために，参加者一人一人が当事者意識をもち，真剣に考える場となり，チームの一員としての意識が自ずと芽生えます。

登校しぶりで毎朝遅刻し，保健室経由で何とか教室に入る児童への対応について会議をしたときのことです。「子どもが軽い足どりで教室に向かうことができるように」という目標が共有されました。こだわり強めで虫好きの子──このリソースを生かした対応をみんなで考えるうち，「教室までの経路に虫の絵を貼る」「教室でカマキリを飼う」「ダンゴムシを飼う」などの意見が出され，こんな話でいいの？ といった楽しい雰囲気に包まれました。担任は，毎朝，養護教諭に迷惑をかけている心苦しさと，一方で保健室の居心地がよすぎるせいではという，もやもやした気持ちを抱えていたそうです。しかし養護教諭が，「子どもと一緒に虫の絵を描いて廊下に貼り，教室に向かわせたい」と笑顔で提案してくれたとき，すっと気持ちが晴れ，「一人でがんばらなくてよい。協力し合って援助を行えばよいのだと心から思えた」と言います。担任が実感を伴って「チーム援助」※を行えるようになった瞬間でした。ここで生まれたチームは，その後も子どもの成長を支えていきました。

本チーム会議のプロセスには，援助チームの一員としての自覚と援助される心地よさを目覚めさせるシステムが組み込まれている気がします。自由な発想が視覚化されたものを全員で見つめながら考えるうち，自然と一体感が生まれます。こうして一緒に援助策を模索したプロセスこそが，チーム援助を促進させるのかもしれません。

※チーム援助「複数の援助者が，共通の目標をもって，役割分担しながら子どもの援助にあたること」（石隈・田村,2003）

第3章

手順編

流れをつかもう！

解決志向チーム会議の進め方

まず，ホワイトボードでできる解決志向のチーム会議の全体の流れを
紹介します。
そして，1節「会議の進め方A to Z」では，
本チーム会議の基本の9ステップにそい，ステップの一つ一つについて
ファシリテーターのセリフと介入，ポイントについて説明します。
2節「こんなときはこうする！ Q&A」では，
本チーム会議を進行するうえで，つまずきやすいポイントと
それを乗り越えるコツなどを解説します。

ホワイトボードでできる解決志向のチーム会議
全体の流れ

時間（目安）	会議の流れ
	START ホワイトボードの前に集合！ ・メンバーは，ファシリテーター（進行とホワイトボードに記入する役），事例報告者，その他の参加者で行います。 ・椅子だけで，あるいは立って行います。資料もメモも不要です。参加者全員が前を向きホワイトボードに注目します。
❶+❷で 3分	❶場を開く──ルール確認，終了時刻の設定 ・ファシリテーターの「お集まりいただいてありがとうございます」のねぎらいの言葉からスタートします。 ・終了時刻を確認します。基本は開始から30分後です。 ・ルール（守秘義務，解決志向で考える）を確認します。 ※ここで，アイスブレーキングを行う場合もあります。 ❷目標（今日のゴール）設定──事例報告者が決める ・あらかじめ，ファシリテーターが事例報告者から目標（今日のゴール）を聞いていれば，それを伝えます。 ・目標を聞いていなければ，事例報告者に「Aさんの件について，どんなことを話し合ってもらいたいですか？」「どんなことを話し合うと，先生やAさんのお役に立つでしょうか？」などと質問し，事例報告者が目標を自己決定します。
5分	❸事例報告──事例報告者が情報を伝える ・事例報告者が情報を参加者に伝え，ファシリテーターはなるべく言葉のまま書いていきます（黒ペンを使用）。話にとりとめがなくなってきたら「話を少し絞って，みなさんでどんなことを話し合いたいですか？」などと軌道修正します。 ・5分たったらファシリテーターが中断します。「時間になりましたので，ここで一度ストップします。次の質問タイムでもお話しいただく機会がありますので，そのときにお願いします」

❹＋❺で **5〜10分**	**❹質 問**——児童生徒理解・リソース探しのための質問 ・参加者から，児童生徒理解・リソース探しのための質問を出してもらいます。 ・質問が出ないときや途切れたとき，ファシリテーターは，解決志向アプローチの質問技法等を使い，少しでもよい点はないか，例外はないかなどを働きかけます。 **❺目標の確認**——必要に応じてゴールメンテナンス ・情報報告者が立てた目標（今日のゴール）がこのままでいいか，本人に確認します。 ・目標の見直しをファシリテーターが働きかけることもありますが，本人が自己決定することが大切です。
5〜10分	**❻ブレーンストーミング**——解決策の出し合い ・具体的な「次の一手」をブレーンストーミングで考えます。 ・「ブレスト4原則」を念頭に，目標にたどり着くために，これから私たちにどんなことができるか，参加者に考えてもらいます。 　　　　ブレスト4原則 　　批判厳禁　自由奔放　質より量　便乗歓迎 ・ファシリテーターは，青ペンに持ちかえ，出された案を書いていきます。
❼＋❽で **3分**	**❼実施することの決定**——事例報告者が「次の一手」を決める ・案が出つくしたところで，今日から行ってみたいこと，すでに行っていて引き続き行いたいことなどを事例報告者（ほかの参加者も自分ができることを決める場合もある）が自己決定して伝えます。 ・ファシリテーターは，新たに行いたいことを赤ペンで囲み，引き続き行いたいことには下線をひきます。 **❽次回の日時を告知** ・今回，実行すると決めたことの有効性を検証することが大切です。そのために，次回の会議日程を決めます。
3分	**❾振り返り**——事例報告者・参加者のフィードバック ・事例報告者が感想を述べた後，参加者同士でフィードバックをし合います。

1 会議の進め方
A to Z

　会議前の準備から，会議後に行うことまで，全体の流れを追いながら，ファシリテーターのセリフと進め方のポイントを詳しく説明します。

1　会議前に行うこと

①　会議のセッティング

・目的と目標の設定。目的とは，この会議が何をめざしているのかということ。ファシリテーターが明確にもちましょう。目標は，当面できることを具体的に明らかにすること（次の一手）ととらえます。

・参加者の選出（この際，事例報告者とファシリテーターを明確にする）

・開始時刻と終了時刻の設定（会議時間は30分が基本）

・会場の設定（子どもたちや部外者の目にふれない工夫をする）

　上記の内容が決まったら，学校においては管理職にその旨を報告し，教務に時間の確保と掲示板への記入をお願いします。

　参加者には，個別にお知らせ（小さい紙に時間と場所と大きな目的を書いたもの）をお渡しすると親切です。これを「招待状」と呼んでいる方もいます。

②　当日の準備物

　ホワイトボード，ホワイトボードマーカー（黒：情報・リソース，青：解決策，赤：決定事項），椅子（人数分），デジタルカメラ（カメラ機能付き携帯電話）。

　その他，必要があれば子どもの作品（絵や習字），日記帳，各種検査の結果など。事例報告者の文書資料は不要。

2 基本のステップを押さえよう

　ホワイトボードでできる解決志向のチーム会議（以下，本チーム会議）の「基本の9ステップ」全体の流れの詳細と随所のポイントを，ファシリテーターの視点からみていきましょう。

基本の9ステップ

1 　場を開く

2 　目標（今日のゴール）設定

3 　事例報告（事例報告者）5分

4 　質問（リソース探し）5〜10分

5 　目標の確認

6 　ブレーンストーミング（解決策）5〜10分

7 　決定する（事例報告者）

8 　次回を決める

9 　振り返り

ブレストの原則
・批判厳禁
・自由奔放
・質より量
・便乗歓迎

　上記の基本の9ステップの流れについて，枠で囲んだ文字をカードにして，裏にマグネットを貼っておくと重宝します。

　最初に会議の流れを可視化して参加者に伝えるとともに，会議中，ホワイトボードに書かれた文字の分量によって，カードを動かすことができるので便利です。

※図書文化社のHPから，会議に使うカードなどの付録をダウンロードできます。
　http://www.toshobunka.co.jp/books/whiteboard.php

0 　会議が始まる前 ──時間配分の目安を押さえる

　本チーム会議は，「会議時間をできるだけ短くしたい！」という願いからスタートしています。参加者の負担にならない時間として30分に設定する場合が多いのですが，かなり意識しないと30分では終わりません。ですから，会議前に，ファシリテーターは各ステップの時間配分を押さえておくことが大切です。時間のやりくりはファシリテーターの腕の見せどころです。慣れないうちは，参加者のだれかにストップウォッチを渡して，タイムキーパーをお願いしてもいいでしょう。

　事例報告者の話は5分で切ります。子どもとのかかわりの多い人ほど，聞いてもらいたいことが山ほどあるのはわかります。でも，5分。あとは，次の質問タイムでふくらませましょう。

　「質問タイムと目標の確認」「ブレーンストーミング」は各々5〜10分とややあいまいです。

　質問タイムの際に，リソースになる質問がいくつか出て，「これならブレーンストーミングに移っても解決策が出るだろう」と判断したら5分ほどで切り上げて次に進み，解決策の出し合いに時間を多くとるとよいでしょう。リソースになる質問が出ない場合は，「例外探し」などの解決志向アプローチの技法を駆使して，リソースを引き出すよう努めます。いずれにしても，どちらも10分を超えないように気をつけます。

　最後にお互いにフィードバック（振り返り）を3分ほどで行います。ここで，お互いへのねぎらいや勇気づけが語られます。

　これでトータル30分。参加者全員がリラックスしつつも，短時間で中身の濃い会議にしたいものです。

　なお，ホワイトボードの記入は，通常はファシリテーター（進行役）が行いますが，記入役を立てて実施することもあります。2人ファシリテーター制です。このほうが，慣れないうちは心強いかもしれません。

1 場を開く ——ルール確認，終了時刻の設定

ファシリテーターのセリフと介入

・「みなさんお忙しいなか，ようこそお集まりいただきました。これから
　ケース会議を行います。本校教育相談部・特別支援推進部の『○○○○』
　を目的にする会議です。終了時刻は○時○分です」（記入）

※ここで，アイスブレーキングを行う場合もあります。

・「この会議のルールは守秘義務と解決志向です。原因や犯人探しではな
　く，現実的な次の一手が生み出されるようご協力をお願いします」

・「本日の事例報告者は○○さんです。○年生のＡさんについてです」

・「個人のメモはとらないでください。ホワイトボードに記録します」

Point

●あいさつ：コンプリメント（ねぎらい）の言葉から始めます。

●終了時刻：最初に伝え，参加者に見通しと安心感を与えます。

※アイスブレーキング：初顔合わせのメンバーがいるときや，場の緊張を
　ほどきたいときに行います。

　例：「お名前と最近ハッピーと思ったことをお話しください」。その他，
　　　好きな花・季節・食べ物など。

●ルールの確認：何度も会議に参加しているメンバーであっても，毎回必
　ず行います。「解決志向」に意識をフォーカスさせるとともに，「守秘義
　務」の徹底を伝えることで参加者に安心感を与えます。ルールは常に見
　えるところに掲示しておきます。

2 目標（今日のゴール）設定 ——事例報告者が決める

・事前に事例報告者から目標を聞いていた場合：「話し合ってほしいこと
　は〇〇です」と発表し，目標を黒ペンで書きます。

・事前に事例報告者が目標を決めていなかった場合：ここで事例報告者に
　尋ねます。「今日はここでどんなことが話し合われたら，〇〇さんのお
　役に立ちますか？」「〇〇さんの件について，どんなことを話し合って
　もらいたいですか？」などと尋ね，目標を黒ペンで書きます。

・事例報告者から目標が複数出た場合：「気になることがたくさんあるの
　ですね。日々のご指導お疲れさまです」などとねぎらってから，「少し
　絞って，みんなで話し合うとしたらどんなことがいいでしょうか？」

・「ここで決めた目標については，いつでも変更可能です。あとで，目標
　の確認を行いますので，その際に，変えていただいても結構です」

Point

●目標(今日のゴール)は，必ず当人（事例報告者）が決めます。事前にフ
　ァシリテーターが事例報告者から聞いている場合は，その目標を参加者
　に発表します。事前に目標が決まっていない場合は，その場で事例報告
　者に尋ね，自己決定してもらいます。

●目標はここで決めたものにしなくてはいけないというわけではなく，途
　中でも変更可能であることを伝えます。

●このとき，目的（そもそも何のためにこの会議があるか）も目標と合わ
　せて書くときもありますが，目標に絞ることが多いです。

3 事例報告 —— 事例報告者が情報を伝える

ファシリテーターのセリフと介入

・「○○さん，はじめに事例の概要（現状）について５分でお話しください。お話しされたことはホワイトボードに書かせてください。急いで書きますので，漢字がカタカナだったりしますがご容赦ください」

・書くスピードが間に合わない場合：「すみません。少しゆっくり話していただけますか。私もがんばって速く書くようにしますね」

・話にとりとめがない場合：「話を少し絞って，みなさんでどんなことを話し合いたいですか？」「結論から言うとどうなりますか？」「そのお話は，終わってからゆっくり聴くということでよろしいですか？」

・５分経過したとき：「時間になりましたのでここでストップします。伝えきれなかったことも，質問に答える形で明らかにされることが多いのでご安心ください」

・「○○さんは，困難にとても真剣に向き合っていると思いました」

Point

●参加者として，保護者や子ども本人が入るときは，好きなこと・得意なことを最初に聴き出して書きます。

●事例報告者が，説明を行う際の資料は不要です。あれば子どもの絵や習字，日記帳，各種検査の結果等を持参してもらいます。

●事例報告者は，５分間で説明できる最も大事な情報は何かを考えて，参加者に話し，情報を共有します。

●話した内容は，ホワイトボードに書いていきます（黒ペン使用）。言いかえたり，省略したりせず，なるべく言葉のままに書くのがポイントです。これにより，事例報告者は自己受容感を得ることができます。

●最後は，事例報告者へのコンプリメント（ねぎらい）を忘れずに。

4 質 問 ——児童生徒理解・リソース探しのための質問

ファシリテーターのセリフと介入

・「では，参加者のみなさんから質問をいただいて，より理解を深め，解決に役に立つ情報を集めましょう。リソースがたくさん出てくるといいですね」

・質問が出ないときや途切れたとき，ネガティブな内容が多いとき：
「Aさんのリソース，得意なことや，すでにできていることについての質問をお願いします」「得意にしていることは何でしょうか？」
「私からも質問していいでしょうか？　少しでもうまくいっている例外はありませんか？」（例外探し⇒18，144ページ）。

・「一番うまくいっているときを10，一番うまくいってないときを1としたとき，いまはどれくらいですか？」（スケーリングクエスチョン⇒145ページ）

・終盤での確認：「(学習，心理・社会，進路，健康等で)抜け落ちている点はないでしょうか？」

Point

●家族はジェノグラム（⇒138ページ）で記入し，ペット等も聞いておきます。友達関係を図で示すこともあります。

●質問が出ないときや途切れたとき，ネガティブな内容が多いとき，ファシリテーターは，事例の児童生徒の情報が多角的に出ているか確認したり，解決志向アプローチの質問技法等を駆使して，少しでもよい点はないか，例外はないか，などを働きかけたりします。

5 目標の確認 ——必要に応じてゴールメンテナンス

ファシリテーターのセリフと介入

「○○さん，目標（今日のゴール）はこれでいいですか？」

Point

　情報収集が終わったところで，目標がこのままでいいか，事例報告者に確認します。ファシリテーターが見直しを働きかけることもありますが，本人が自己決定することが大切です。解決志向アプローチでは，ゴールは「肯定的・具体的で小さいもの」がよいとされます。実現の可能性が低いことや否定的な目標では元気も出ず，取り組みもむずかしいものになるでしょう。ゴールがあいまいであれば道に迷ってしまいます。

　この「少しだけ立ち止まって，目標について考える」時間はとても大事です。「私たちの行うことが子どもの幸福につながるかな？」「この子はどうなりたいのかな？」「少しがんばればできることはなんだろう？」「その力を引き出すにはどうすればいいかな？」と，立ち止まり考えるのです。団士郎『家族の練習問題—木陰の物語』（ホンブロック）の冒頭にこうあります。「道に迷った人が，『私，道に迷ったらしいのですが，どうしてでしょう？』とは聞かないでしょう。『どう行けばいいのでしょうか？』と聞くでしょう」と。まさにそのとおりです。その意味で，当事者（子ども）が参加する会議を進めたいと思っています。

　メンテナンスの結果，目標はそのままのことも，修正されることもあります。14ページの事例では，「スクールバスの中で騒がないためには」から「過ごしやすいスクールバスにするためには」と変わります。修正された目標は，ニコニコ顔の児童が見える，担任の先生の児童に対するあたたかさが伝わってくる目標です。こうした目標であれば，参加者もより楽しいブレーンストーミングを展開できるでしょう。

6 ブレーンストーミング ──解決策の出し合い

・「ではここからは，解決のためにできることをブレーンストーミングしましょう。ブレスト４原則は『批判厳禁，自由奔放，質より量，便乗歓迎』です。目標にたどり着くために，これから私たちにどんなことができるか考えて，どんどん発表してください。思いつくまま，できるかできないかはあと回しです。できるだけ具体的な提案をお願いします」と言い，ファシリテーターは，青ペンに持ちかえ，書いていきます。

・事例の目標からはずれている場合：「少し横道にそれているようなので，その話はここに（ホワイトボードの隅に）置いてもいいでしょうか」

・解決策がなかなか出てこない場合：まずは，あせらないで待ってみましょう。30秒くらいなら待てるようにがんばりましょう。その後，ブレスト４原則を確認し，思いつくアイデアを出すことをお願いします。「みなさん，フォークを投げた，いやさじを投げたという状況でしょうか？」などとユーモアを混じえて笑顔で問いかけると，何かは出てくるものです。

Point

　沈黙にはいい沈黙とよくない沈黙があります。参加者が思いを巡らし考えている様子でしたら待ちましょう。言い出しにくい雰囲気でしたら，参加者の表情をみて，どなたかに口火を切ってもらうのもいいでしょう。アイデアが出ないとしたら，目標が大きすぎるのかもしれませんし，情報が少なすぎるのかもしれません。「みなさん，考えにくいですか？」と尋ねてみるのも一案です。

7 実施することの決定 ——事例報告者が「次の一手」を決める

ファシリテーターのセリフと介入

・「たくさんのアイデアが出ました。3人寄れば文殊の知恵ですね」

・「では，〇〇さん，すでにやっていることもあったかもしれません。継
続したいこと，新たにやってみたいことを具体的にお話しください。た
くさん選んで無理しないようにしてくださいね」

・「私たちサポーターにお願いしたいことがあったら言ってください」

Point

●案が出つくしたところで，事例報告者が明日から行ってみたいこと，す
でに行っていて引き続き行いたいことなどを自己決定して伝えます。

●継続することには赤で下線，実施したいことは赤で囲み強調します。

●ブレストの内容で，わからないことについては後で聞くことにします。

●参加者の中からあがった「私は〇〇をします」も赤で囲み記名します。

●「だれが，何を，どのように，いつまで行うか」を明確にします。

8 次回の日時告知

ファシリテーターのセリフ

・「次回は，〇月〇日〇時，〇〇室です。実施事項の報告から始めます」

Point

　会議をしてもやりっぱなしでは効果半減です。目標を定め，PDCA（計
画・実行・評価・改善）を回してくために，次回の会議の日時を決めましょ
う（1〜4週間後）。次回の日時が決まっていると，「実施したことや成
果をよい形で報告するためにも，がんばろう」と，意欲が高まります。

9 振り返り ——事例報告者・参加者のフィードバック

ファシリテーターのセリフと介入

ファシリテーターは，以下の三つを頭において，振り返りを推進するとよいでしょう。無理に言わせる必要はありません。

・感じたこと・気づいたことの振り返り：「このチーム会議を行ってみて，どんな感じがしましたか？　気づいたことがありましたらお聞かせください」「参加者のみなさんはいかがでしたか？」

・わかったこと・わからないことについての振り返り：「いろいろ出た方法で，わからなかったことはありませんか？」

・会議の進め方についての振り返り：「この会議の進め方についてどう感じましたか？」

Point

構成的グループエンカウンターやグループワークでは，振り返り（わかち合い・シェアリング）をとても大事にします。

参加者の感想の一例として，「一緒に考えてもらえて心強かった」「一人では思い浮かばないアイデアが出て驚いた」「子どもの見方が少し変わった」「担任の先生のあたたかさを感じた。子どもたちは幸せだと思う」といった声が聞かれました。

私は，この振り返りを「チェックアウト」と言っていますが，最後に全員にひとことずつ感想を話してもらうと，みんなでやりきったという一体感やスッキリ感が出ます。お互いへの感謝が語られたり，ねぎらいがあったり，参加者同士の関係がとてもよくなります。会議というワークを通して，チームができていくのです。

振り返りの内容はホワイトボードには書きませんが，心の中にしっかりと残り，子どもたちに接するときのパワーになります。

会議終了にあたって

① 無理に終わらせなくてもよい

30分をめどに会議は終了です。しかし1回目の会議はもっと時間がかかるかもしれません。しかし慣れてくると30分をしっかり意識でき，2回目以降は，前回の記録から出発するので意外と短時間で終わります。

1回目に30分で終わらなかったからといって，「失敗した」と思う必要はありません。さらに言えば，時間に余裕があるなら，ゆっくり会議をしてもいいわけです。

② 具体的に動けるように

会議の終了にあたっては，決まったことの確認をしてください。「だれが，何を，いつからいつまで行ってみるか」を明確にしましょう。もしも，決定した方法についてよくわからないことがあったら，それをだれに尋ねるか，どのように調べるか，だれに相談しながらやっていくかなど，より具体的なことまで話し合うほうがいいでしょう。

③ 守秘義務と記録の管理はしっかりと

守秘義務については，終了時も確認したいところです。ホワイトボードを個人面談で使う場合は特に，情報をだれにどこまで伝えていいかを，相手に尋ね，確認しておくことも大事です。

各自では記録をとりません。ホワイトボードをデジタルカメラで撮影します。子どもたちはいつ部屋に入ってくるかわかりませんので，守秘義務を守るため，撮影したらホワイトボードの内容はすぐに消しましょう。

写真データはA4用紙に印刷します。必要ならつけたしの情報を記入し，保存用とします。その用紙を使って管理職等にも報告しましょう。

データの管理については，印刷後，ただちに消去します。ただし，年度終わりまで残したいときには，厳重な管理のもとに責任者が預かる形にします。

2 こんなときはこうする！
Q & A

会議が始まる前

解決志向のチーム会議を学校に導入したいのですが，どうしたらいいですか？ **Q1**

A 「本に書いていることを一度試してみませんか？」「研修で聞いたことを伝達しながらやってみたいのですが」と，管理職やメンバーに話して，実施して成功している人が多いようです。管理職からなかなか承諾が得られない場合は，2〜3人で試してから広げることです。チーム会議を行ってうまくいった実績をつくり，それを形にして管理職にプレゼンするとよいでしょう（⇒131ページ）。筆者は，「私は忘れっぽいので，書きながら相談したいのですが，よろしいでしょうか？」と承諾を得て，自然な形で解決志向のチーム会議を実施することもあります。百聞は一見に如かず。一度体験してもらうことが大切です。

初めて実施するときのコツを教えてください。 **Q2**

A まずはホワイトボードを用意し，参加者が着席後，すぐに始められる状態にしておくことです。事前にホワイトボードの使い方や記入例のプリントを作成して参加者に見てもらい，仕上がりのイメージ化を図ることも有効です。見通しをもつことは，抵抗を少なくすることにつながります。

会議前には「30分間で完結できるようにチャレンジしてみます。うま

くいくように力を貸してください」と，協力を依頼してみてはいかがでしょうか？　大まかな時間配分も示し，タイムキーパーを設定して，協力体制をつくるのも一つの方法です。

Q3　学級担任（事例報告者）が乗り気ではありません。

A　周りの先生は，「あの子について何とかしなくては」と問題意識をもっているのですが，学級担任の問題意識が低く，他者に依存的である場合や，逆に「自分ではよくやれている」と思っているケースもあります。子どもについて把握している情報も少なく，「そもそも子どもの困り感をわかっているの？」と，周りの先生方はもどかしく感じるかもしれません。そんなときこそ，本チーム会議の出番です。「どう接したらいいか一緒に考えよう！」というスタートでいいと思います。会が進むうちに，子どものことをわかろうとしていなかったことへの気づきを得たり，ほかの先生方の思いにふれ，自分のできることを改めて考えることができたら成功です（⇒106ページ）。

担任が行っていることでうまくいっていることがあれば，それを参加者で確認し合い，参考にさせてもらいましょう。会議で話題にすることが担任への勇気づけになります。乗り気でなかったにもかかわらず参加してくれた担任を支持する，メンバーのあたたかな空気づくりがチームを育てることにつながります。

Q4　医療機関で明確な診断があり，学校への助言も出ています。チーム会議は必要でしょうか。

A　医師からの診断が出たあとこそ，チーム会議で支援策を確認したり考えたりすることがとても大事です。このときは，ホワイトボードの見出しプレートを変えて，アセスメントをきちんと書き込むことで

す。主治医がいるときは，医師による指示が支援の基本になるからです。
アセスメントを参加者が共通認識することによって，何をしたらよいかを
具体的に考え，一緒に実践しましょう。

　そして，時間をおいて振り返り，引き続き行うことや新しい取り組みを
一緒に考えましょう。できれば，保護者も一緒のチーム会議を実施したい
ものです。

アセスメントを入れたチーム会議のホワイトボードの例	
○月○日	終了時刻○：○
□□さんが○○するための支援	
現状　課題	引き続きやりたいこと
アセスメント（見立て） △医院：ADHDと診断 　　　○○を朝食後に服用 　医師からの助言 　　　・ 　　　・	今後トライしたいこと 実行することには赤で囲む

場を開く場面

資料を配付してもいいですか？　Q5

A　このチーム会議では資料は用意しなくていいのです。資料がある
と，資料読みに時間を費やし，参加者が下を向いてしまうからです。
事例報告者の口頭の説明をホワイトボードに書くスタイルを大事にしまし
ょう。子どもの作品などがあれば，ボードの片隅に貼ってもいいでしょう。

事例報告の場面

Q6 担任不在で緊急会議が行われることになったとき，
情報がたりない場合はどうしたらよいでしょう？

A たとえ学級担任不在でも，担任を支援する視点をもちたいものです。まず，その事案に対してどのような情報が必要かをリストアップし，情報をもっていそうな人，例えば，養護教諭，前の担任，教育相談担当を中心に，教頭（副校長）や学年主任，教務主任等，幅広く情報を集めましょう。

その他の資料として，家庭環境調査書やQ-U（楽しい学校生活を送るためのアンケートQ-U）等のデータなどからも情報を得ることができます。その中で，子どもがいま困っていることや自分たちができることに焦点を当てて会議を行うとよいでしょう。

Q7 事例報告者が話をやめません。
どう止めたらよいでしょうか？

A 最初に，「5分で」と明確に伝えることが大切です。それでも，子どもとのかかわりが深いほど話したくなるのが人情です。区切りのついた5分あたりで，いったん切ります。ねぎらいの言葉を忘れず，次のように言うとよいでしょう。

「5分になりました。これまで一生懸命にかかわってきたからこそ，たくさんの情報があるのですね。でもここからは，参加者が質問する時間にしたいと思います。伝えきれなかったことも，次の質問タイムで，質問に答える形で明らかにされることも多いので，ご安心ください。参加者のみなさんの質問から，より深い気づきにつながっていくこともあります。まずは進めてみましょう」

Q8

発言者の話すスピードが速くて書けません。

A　いわゆる「マシンガントーク」といわれるように，早口で話し続ける人がいます。そんなときは，「すみません。書くスピードが間に合わないので，もう少しゆっくり話していただけますか？　私もがんばって急いで書くようにします」と依頼しましょう。また，「ごめんなさい。書き留められなかったので，もう一度おっしゃっていただけますか？」と，お願いして間をとると，発言者の話す速度が調整されることがあります。

　あせることはありません。ファシリテーターが書いている間に，参加者は思考をめぐらすことができるのです。間合いも大切にしましょう。

Q9

字をきれいに書くことができません。

A　字をきれいに書く必要はありません。読むことができさえすればよいのです。画数の多い漢字や漢字を忘れたときは，カタカナで書きましょう。これは，ファシリテーショングラフィックのルールです。

　大切なのは，できるだけ発言どおりに書くこと。要約したりキーワードを書くと，結論がわからなかったり，意味合いが異なってしまうことがあるためです。言葉どおりに書くことで参加者が安心して発言でき，会議終了時には「満足した」という感想を聞けることが多いものです。

質問の場面

Q10

あまり質問が出ません。

A　ここが，ファシリテーターの腕の見せどころです。「この子のリソース，得意なことや，すでにできていることについての質問を

72

お願いします」と質問を促します。それでも出なければ，「私からも質問していいでしょうか？」と断ったうえで，「○○さんの得意にしていることは何でしょうか？」などとリソースを引き出す質問をします。

内容が原因探しばかりになり，
リソースが出てきません。

A 解決志向アプローチの質問技法を駆使してリソースを引き出しましょう（⇒144ページ）。

　例外探し：例「朝から立ち歩いてばかりで席につかない，とのことですが，席についているときはないでしょうか？　それはどんなときですか？」

　スケーリングクエスチョン：例「まったく授業に参加しない」が１点で，「机に向かって授業を受けている」が10点だとしたら，いまはどれくらいですか？」「その点数をつけた理由を教えてください」「１点あがると，どんな様子になっていますか？」

目標（今日のゴール）確認の場面

目標が否定形の場合には，
どうしたらよいでしょうか？

A 例えば，「○○君が忘れ物をしないようにするには」など，目標（今日のゴール）が否定形の場合は，解決策も出にくくなる傾向があります。

　しかし，「○○さん，目標はこれでいいですか？」という問いかけに，「このままでいいです」と事例報告者が言う場合には，ファシリテーターも，「このままでもいい」と考えて進めます。その際には，「私たちがどのような支援ができるか」を強調しながら進行してください。

　ある会議では，子どもが忘れ物をしなくなるために家庭に持ち物をFAX

で知らせ，改善するきっかけをつくった例がありました。私たちが忘れてはならないのは，子どもや保護者の味方になるということです。

> **目標が高すぎる場合には，
> どうしたらよいでしょうか？**

例えば，完全不登校の子どもの事例で，「登校する」という目標をあげた場合には，「なるほど……最終的にはそこですよね」とうなずきながら，まず，ホワイトボードに書きます。

そして，「もう少し目標を低くすると？」「とりあえず，どんなことができるといいと考えますか？」と事例報告者に尋ねてみましょう。すると，「週に1回ぐらい，玄関先で出会うか，昇降口で会えたら……」と具体的になることが多いものです。

あるいは，「目標が高いかもしれませんね。少しだけ目標を低くするとしたら，どんなことが考えられますか？」と，参加者にアイデアを出してもらう方法もあります。

> **目標が漠然としている場合には
> どうしたらよいでしょうか？**

事例報告者が，何をどうしていいか，わからない状況になっていることが考えられます。

あせって目標を出してもらうより，まず，どのような様子なのか，話をじっくり聞き，事例報告者をおおいにねぎらいましょう。そのうえで，何について困っているのかをあげてもらい，その中で優先順序をつけてもらうという方法もあります。

また，スケーリングクエスチョン（⇒145ページ）を使って，状況・状態が少し改善したイメージを描いてもらうことで，具体的な目標につなげることもできるでしょう。ここは，少し時間がかかるかもしれません。

ブレーンストーミングの場面

Q15

ブレーンストーミングに入ったら
静まりかえってしまいました。

A 考える時間は必要です。だれかが口火を切ってくれるまで，あわ
てず待ちましょう。それでも出ないときは，「これまでやってき
たことの中で，続けたほうがいいことはないでしょうか？」「明日ちょっ
とやってみたいと思うことを見つけてみましょう」とハードルを低くして
促します。ブレーンストーミングの4原則「批判厳禁，自由奔放，質より
量，便乗歓迎」を最初に告げることも大切です。

Q16

「この流れでいいのかな？」「何か変だな？」などと
違和感を抱いたときにはどうしたらいいでしょう。

A この手の勘は大事にしたいものです。「ちょっとストップしてい
いですか？」「目標を確認させてくださいね」と立ち止まって，
事例報告者の気持ちを確認したり，ファシリテーターも一緒に考えたりし
て，違和感の正体をつきとめ，必要であれば軌道修正しましょう。

Q17

管理職や年長者が，解説や経験談を話し始めたり，
考えを主張したりして，みんなの声が出てきません。

A ホワイトボードにありのままを書くことで，「自分の話が長いこ
と」に気づいてもらい，本チーム会議ではどの意見も平等である
ことを自覚してもらいましょう。または，「そのお話は貴重なのですが，
いまは質問の時間ですので，後にとっておきましょう」「貴重なご意見を
ありがとうございます。残り時間も少なくなっていますので，端的にお願
いします」と，アサーティブ（相手に配慮した自己主張）に伝えましょう。

決定する場面

Q18

決定できない場合は，どうしたらよいでしょう？

A 事例報告者にとって，どれも納得できないか，やれそうもない提案と思っているか，あるいは，すでにやっている内容の提案なのかもしれません。事例報告者のすでにやっていることや「う……ん」から始まる感想に耳を傾けてみましょう。

あるいは，事例報告者だけでなく，「私たちがやれることはどんなことでしょうか？」「サポートできることは何でしょうか？」と参加者に聞いてみてもいいでしょう。

Q19

決定した解決策が抽象的な場合には，
どうしたらよいでしょう？

A 例えば，「みんなで見守る」といった抽象的な解決策が選ばれた場合，ここは，ファシリテーターの出番です。

「具体的にどんな場面で，どんなことを見守ればいいでしょうか？」「どんな声のかけ方をしますか？　あるいは静観でしょうか？」と具体的な場面を想定して解決策を掘り下げましょう。

次回の日時を告知する場面

Q20

次回の日時がまだ決められない場合の対応は？

A だいたいの日程だけでも提案しましょう。「次回は3週間後ぐらいでいかがでしょう。日程調整をして，後日ご案内します」などとアナウンスしましょう。

それも決められないようでしたら，「この後の変化を集めてみなさんにお知らせします。みなさん，観察をお願いいたします。よい変化があったら必ず教えてくださいね。次回については改めてお知らせします」などと，とにかく次回があることを告げましょう。

振り返りの場面

Q21 振り返りの時間がとれません。

A 少しの時間でもいいので，振り返りは行いたいものです。時間がとれないときは，参加者全員の話を聞くのではなく，初めて参加した人や若い人，この場でぜひ伝えたいという人に話してもらうといいでしょう。

付箋紙に書いてもらい，回収してコピーを回覧する方法もあります。

会議終了時の場面

Q22 時間内で終わりそうにありません。
どうしたらいいですか？

A 本チーム会議を取り入れて間もないころは，時間内で終わらないことが多いものです。時間内で終わらせることが会議の目的ではないので，あまり気にしなくてもいいと思います。「めざせ30分！」です。慣れるとできるようになります。

あるいは，参加者の中からタイムキーパーの役割を決めるという手もあります。例えば，「事例報告」の場面で，「5分経過しました」などと，目安の時間になったらファシリテーターに声をかけてもらうと，大幅な時間オーバーを防ぐことができます。

Column 3

そうでないと証明されるまで信じましょう

笹原英子

　その年，私は4年生の書写の時間が憂うつでした。ツヨシさん（仮名）の行動に困っていたからです。1時間に1人5枚の約束で渡す習字用紙も，ツヨシさんは書きかけを丸めてごみ箱に捨てしまいます。イライラして教室を歩き回り，墨を含ませた筆を振り回し，周りを墨だらけにしたこともあります。6月も終わるというのに，作品は1枚も提出できません。担任が，いつも嘆いていたわけがよくわかりました。

　私は困りつつも，ツヨシさんのつらそうな表情が気になりました。うまく書けない自分にいらだっているようにも見えたからです。そこで学年の先生方と相談をして，1時間に何枚でも書いていいことにしました。その日もツヨシさんは紙を丸めて捨てましたが，歩き回らずに書き続け，初めて作品を提出しました。納得できる字を書きたいというツヨシさんの思いが叶ったのです。解決志向アプローチの哲学に基づく児童生徒理解の前提は「そうでないと証明されるまでは，すべての子どもは次のようであると信じましょう」です。

・親や教師が自分たちを誇りに思ってほしい。

・自分たちにとって大事な大人を喜ばせたい。

・新しいことを学びたい。　　・知識や技術の体得を楽しみたい。

・機会が与えられれば選択したい。

・社会の一員として受け入れられ，つながりをもちたい。

・ほかの人との活動に活発に参加したい。

・機会が与えられれば意見を表明したい。

　困った行動の裏に隠された「ぼくを信じて，書きたいんだよ」という心の声を信じたことで，ツヨシさんが変わりました。教師がこの前提を忘れていては，どんな思いも子どもの心まで届くことはないのだということを，ツヨシさんが教えてくれました。

第4章
実践編

事例から学ぶ！

解決志向チーム会議の実際

現場の先生方の実践事例を３部構成で紹介します。

Part 1　教育相談の基本事例では，不登校支援やいじめ対応等，学校現場でよくあるケースを取り上げます。事例２−①ではいじめの被害者を，②ではその加害者の指導について扱ったケースを紹介します。

Part 2　さまざまなシーンの活用事例では，学年主任が学年団をチームとしてまとめたいと思い招集した事例を筆頭に，子ども本人・保護者が参加する場合，保健室での生徒との面談，同僚との関係を考えるなど，シチュエーション別の活用事例を紹介します。

Part 3　面談場面での応用事例では，①保護者との面談，②子どもとの面談の２本を紹介します。本チーム会議のエッセンスを面談でどう生かすかがおわかりになると思います。

1 まずやってみよう！ そして続けよう！

　私が，ホワイトボードでできる解決志向のチーム会議（以下，本チーム会議）を提唱し，仲間と共に実践を積み重ね，10年以上の歳月がたちました。その間には，「会議の結果，教職員の理解や対応が変わり，子どもがよくなった」という報告をたくさんいただきました。

　私は現在，中学・高校のスクールカウンセラーとして勤務していますが，相談の際は毎回，ホワイトボードを使っています。まず，現状を書きとめます。そして，相談者自身がどうなりたいのか小さな目標を聞き，どんなことができそうか，すでにできていることは何か……これらを聞き取り，書きすすめていきます。このとき，カウンセラーと相談者は，まさに小さなチームであると感じます。

　この体験をした人は，自分の悩みごともこの方法を使い，「一人チーム」の会議を行うことで，解決がみえてくることは多いと思います。

　本チーム会議の利点は，ホワイトボードの前に集まることで，チームが立ち上がり，チームで援助ができるようになることです。

　本章でご紹介する事例を読むと，学校の教職員はもちろん，保護者，ときには児童生徒がチームの一員として，解決に向けて知恵を絞り，協力して共に解決をつくっていこうとする様子がおわかりになると思います。

　本章でご紹介するのは，どれもよい方向に動いた事例です。でも，読者の中には，「そんなにうまくいくものなの？」という疑念をもつ方もいらっしゃると思います。当然です。執筆者はベテラン揃い。そんなツワモノたちが，「ホワイトボードを活用して会議をすると，こんないいことがあ

るよ」と紹介したくて事例報告風に書いた内容なのですから。

　何でもそうですが，初めはうまくいかないこともあります。ファシリテーターとしての力は，会議を何度も繰り返すうち，しだいに身につくものです。したがって，最初から完璧に進行しようと気負わないことです。

　私も失敗を重ねてきました。例えば，私自身が情報に聞き入ってしまい，書くことを忘れてホワイトボードがほぼ空白のまま，会議を進行してしまったり，ブレーンストーミングでアイデアが出ないことにあせって，こちらから提案説明してしまったり……試行錯誤の連続です。

　また，あるとき，「やってみたけれど，失敗しました」と，お電話をいただいたことがあります。「どんなところが失敗と思ったの？」とお聞きすると，「子どもについてのネガティブな発言が多くてリソースが見つけられず，重い雰囲気のまま終わったような気がします」とおっしゃいました。そこで，私はこう言いました。「チャレンジした勇気がすばらしいです！では，次回はリソース探しをていねいにやってみることに挑戦ですね」

　学校で本チーム会議を継続されている先生方からは，「やってよかった」「続けてよかった」という感想をたくさんいただいています。ですから，まず，やってみてください。そして続けてみてください。これが正解という答えはないのですから。

　腕を磨きたい方は，解決志向カウンセリングの研修会やファシリテーションのワークショップに参加することをおすすめします。また，第3章2節のQ&Aにヒントが多く書かれていますので，参考にしてください。

　※　本章の事例は，プライバシーを守るために，エッセンスを損なわない程度に変更したり，いくつかの事例を組み合わせたりした創作であることをお断りしておきます。

基本事例1　不登校生徒への支援（中2男子）

概要　それまで欠席はなくまじめで成績優秀のリクさん（仮名，中2）は，5月連休明けから欠席し，2週間が経過した。学級担任は母親と連絡をとり，家庭訪問を数回行ったが本人とは会えていない。両親同席で支援会議がもたれた。

出席者（5名）　事例報告者：学級担任。ファシリテーター：養護教諭。
　　　　参加者：リクさんの父・母，学年主任

目標（今日のゴール）

「リクさんがいままでのように登校できるようになるための支援をどうすればよいか」

ゴールメンテナンス ➡ 「リクさんの成長を支援するためにできること」

◆情報共有（学校での様子）

・まじめに授業を受けられる。
・欠席も遅刻もしない。
・国語が得意。
・社会の成績が抜群によい。
・宿題をしっかり提出する。
・自己主張することは少なく静かで目立たないタイプ。
・部活の友達を中心に仲よくできる友達がいる。
・部活は楽しそう。
・掃除がまじめにできる。
・照れ屋だけどやさしい。
・にこにこしている。
・あいさつしてくれる。
・礼儀正しい。

◆質問（リソース探し）

・欠席の日も普通に起きて朝食をとる。
・日中はゲーム。勉強はまったくしない。
・仕事帰りの母に夕食の献立を聞きに来る。
・父は帰りが遅いため，ほとんど話さない。リクさんとのかかわりは少ないかも？
・母とは話す。頼みがあると自分から話しかけてくるが口数は少ない。
・同居の祖父は，リクさんが学校に行かないことを心配している。
・休み始める前日，ゲームをやめないリクさんを父がきつく叱ると，反抗的な態度で「明日から学校に行かない」と言ったが，本気にはしていなかった。

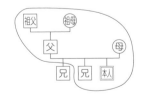

保護者の気づき

「まさかわが子が不登校になるなんて……」突然学校を休み始めたリクの気持ちがわからず，親としてどう接していいのかわからず，ただ時間だけが過ぎていました。今日はリクのことを話し，いまの状態は「成長の証」だということが理解できて，胸のつかえがとれたような気持ちです。先生に「チーム・リク」と言ってもらえて希望がみえました。「来てよかったね。お父さん」「うん」

終了時刻 17：30

・最近は買い物にもついて来なくなった。
・〈幼少期〉大人しく手がかからない子ども。兄の後ろにくっついていた。休日もゲーム。友達と外で遊ばない。学校の準備は自分でできたが，かばんの中はごちゃごちゃ。

◆**ブレーンストーミング**（解決策）

・週１回の家庭訪問を続ける。〔担任〕
・学校からの届け物をする。友達からのメッセージも届ける。〔担任〕
・おじいさんと世間話をしてくる。
・学校に行かないと決めたのは，リクさんが自分で決めた貴重な成長の証だと受けとめる。〔両親〕
・休日の部活動に誘ってみる。
・いつもどおりおいしい食事を作る。〔母〕
・食事の準備を手伝ってもらう。
・家族で外食に出かける。（リクさんの好きな物）
・１日３回コンプリメントする。〔両親〕
・次の会議を企画する。資料を準備する。
・スクールカウンセラーから助言を得る。〔養教〕
・ご両親もスクールカウンセラーに相談する。

次回 ○月○日（金）17：00〜 会議室

ここがポイント

「学校に行かないという選択が本人の自己主張ではないか」……この気づきから，ゴールメンテナンスが行われました。「リクさんの成長を信じる」という全員の信念のもと，前向きな支援策が選択され，両親の希望につながりました。

◆ご両親が参加した不登校支援のチーム会議の様子

　ご両親来校の初回面談は，解決志向のチーム会議の形で行い，「リクさんがいままでのように登校できるようになるための支援をどうすればよいか」を目標（今日のゴール）に設定し，チーム会議を開始しました。

　まず学級担任から，学校でのリクさんの様子をお知らせしました。次にご両親から現在のリクさんの家庭での様子，家族とのやり取り，幼少期の話などをお聞きしました。学校では見せないリクさんの様子もお伺いでき，笑いも起こりました。しかし，父親は言葉少なく，私たちが質問しても，すべて母親が代わりに答えていました。

　欠席する前日のことを話題にしたとき，父親が重い口を開き，「私が叱ったことが息子の欠席の原因になったのではないかと心配しています」とポツリと語りました。夕食時間になってもリクさんがゲームをやめないことを強く叱ったそうです。「リクとの会話は普段から少なく，叱ることもなかったのですが」と，父親は自分を責めている様子でした。この言葉に参加者全員がハッとしました。リクさんはいまどんな気持ちでいるのだろう？　本来はとてもまじめな生徒です。家庭でも手のかからない子どもだったことから推測すると，「学校に行かない」という行動はリクさんの思い切った自己主張なのではないか？　成長過程における重要な意味がある行動なのかもしれないという視点が芽生えはじめたのです。設定したゴールに両親も担任も違和感を抱き，ゴールメンテナンスを行いました。その結果，「リクさんの成長を支援するためにできること」と変更されました。

　ブレーンストーミングで支援策を出し合い，参加者自身が行う支援を選択する場面で担任は，「週１回の家庭訪問の継続」と「学校からの届けものをする。友達からのメッセージも届ける」を選び，「本人の気持ちを尊重しながらつながり続ける」と気持ちを語りました。両親は，「学校に行かないと決めたのは，リクさんが自分で決めた貴重な成長の証だと受けとめる」などを選択し，希望を見いだした様子で帰宅されました。

◆振り返り──全員が「子どもの成長を信じる」という信念を得た

　不登校は明確な欠席理由がわからないことが多く，リクさんのケースも同様です。原因を知ることが目的ではなく，家庭から情報を得ることでリクさんへの理解を深め，本人とご家族に役立つ支援策の発見につなげたいという気持ちで会議を行いました。また，全員と平等に接することがファシリテーターの役割です。その中で父親が語らないことが気にかかりましたが，参加していることこそが親の思いであり，第１歩であるととらえ直すことで連帯感を感じながら進めることができました。そんな時，父親の言葉をきっかけに，学校に行かないことはネガティブな行動ではなく，必要な成長過程かもしれないと全員が納得するにいたりました。

　ブレーンストーミングの際には，思春期ということもあり，ご両親からの提案の数には限りがありましたが，全員がリクさんの成長を信じるという思いにいたったことは大きな収穫でした。「１日３回コンプリメントする」という支援策は筆者が提案しました。本書編著者の佐藤節子氏が紹介してくれた不登校の子どもへの親のかかわりを紹介する書籍から学んだ方法です（森田直樹『不登校は１日３回の働きかけで99％解決する』リーブル出版）。「コンプリメント」に母親が興味を示したので，佐藤氏がこの本を参考に作成した豆本（要点を収録した手のひらサイズの本。場所を選ばず読み返せる。本の末尾にカレンダーを挿入し，実行回数を毎日記録できるようにした）を渡すと，母親から「次回はリクのよさをテーマに面談してほしい」と提案がありました。親のコンプリメントが最も効果的だと言われていますが，思春期の子どもは，それを「嫌味」「裏があるのでは」などと斜めからとらえることがあります。この場合，親は「心からそう思っている」と念じ，継続していくことが大切です。不登校は子どもにとってダメージが大きく，親もつらい状態ですが，本人の貴重な成長の一過程であることが多いものです。だからこそ，チームで取り組み，共に支え合って進むことが必要なのだと実感した会議となりました。

いじめ被害者への支援 (中1男子)

概要 ユウさん（仮名，中1）が上級生にいじめを受けているとスクールカウンセラーに訴えた。本人がいじめの指導を受けていた直後だけに，この訴えをアピールではないかととらえる空気もあったが，生徒が苦痛を訴えていることに対して，組織で対応する必要がある。早急にいじめ対策のチーム会議を開いた。

出席者 （10名） 事例報告者：学級担任（1年1組）。ファシリテーター：スクールカウンセラー。参加者：1年2・3組の担任，学年主任，生徒指導主事，教育相談担当，養護教諭，教頭，校長

目標 (今日のゴール)

「ユウさんのいじめ被害について情報を共有し，すぐに対応が必要なことを確認する」

ゴールメンテナンス ➡ 「ユウさんの不安を取り除くために，すぐにできることは何か」

◆ **事例報告** (現状)

・2年生にいじめられている（シンさんほか3名）。
・すれ違うとき階段でもわざとぶつかってくる。怖い。
・集団でにらんで何か言う。「調子に乗ってんじゃねえ」「死ね」と言われた。
・怖くてつらかった。
・だれにも言えなかった。
・された後は，怖くてイライラした。
・みんなに知られたくない。
・話してもいい人 ➡ 担任と部活顧問，お母さん

◆ **質問** (リソース探し)

・クラスの孤立している子を誘う。➡ 仲間に入れる。一緒に活動。
・人の役に立ちたいと口にする。
・小学生時代シンさんと同じスポ少チーム。
・小学生のときにもトラブル。シンさんがコーチや担任から指導され謝った。
・シンさんがスポ少を一時期休む（謹慎）。
・その後も嫌がらせがあり，もっと怖くなった。
・シンさん中学生 ➡ 嫌がらせはなくなった。
・ユウさん中学入学 ➡ 部活が始まったころにまたグループでにらむ，笑う。
・秋の運動会のころが一番多かった。
・いまは少ない ➡ あまりない。

事例報告者（担任）の気づき

　力を誇示することが多いユウさんが，上級生にいじめられていると訴えてきたのには驚きました。チーム会議で情報を共有するうちに，ユウさんがいじめの不安をずっと一人で抱えていたことに改めて気づきました。私自身，ユウさんの日常の言動にとらわれていたのだと思いました。ユウさんのつらさを感じると，ユウさんを守るためにできることが具体的にみえてきて，次の日からすぐに実行できました。チーム会議で，迷わずすぐに行動する力をもらえたと思います。

終了時刻 18：00

◆**ブレーンストーミング**（解決策）

・どんどん話しかけて会話を増やす。
・母親にユウさんの様子を伝える。
・がんばっているところを探して，いいねと伝える。勇気づける。
・君を守ると伝える。
・君を見ているよと繰り返し伝える。
・先生たちみんなでユウさんを守ると伝える。
・ユウさんが友達にやさしくしたことを認めて言葉をかける。「いいね」「ありがとう」
・SCとの面談を計画する。
・先生たちからユウさんのポジティブ情報をもらう。
・友達のよさに気づく活動（SGE）に取り組む。

ここがポイント

チーム会議の継続で，先生方の生徒を見守る姿勢も一本化されていきました。
また，構成的グループエンカウンター(SGE)等，学級・学校全体を育てる「チーム学校」への取り組みへと広がっていきました。

次回 2日後の○月○日（木）17:30～　会議室

◆いじめ被害者支援に関するチーム会議の様子

　ユウさんは，クラスメイトへの暴言・暴力によるいじめ問題が解消した直後のスクールカウンセラーとの面談で，「２年生のシンさんからずっといじめを受けてきた」と訴えました。これまでだれにも相談しなかったのは，仕返しが怖かったからだと言います。スクールカウンセラーが，いじめについてユウさんが語ったことを担任に報告した翌日，会議は開かれました。会議が始まるまでの間に，担任はこれまで受けてきたいじめについてユウさんに聞き取りを行いました。担任に相談したいというユウさんの意向があったので，スムーズに話を聞くことができたようです。

　今回は，いじめ対応の第１回目のチーム会議です。「ユウさんのいじめ被害について情報を共有し，すぐに対応が必要なことを確認する」を目標（今日のゴール）に設定して会議をスタートし，事例報告者（担任）がいじめの概要を報告しました。ユウさんの話によると，シンさんを含む２年生４名から，階段で体をぶつけられたり，暴言を浴びせられたり，にらみつけられたりしてきたことが報告されました。担任は，ユウさんが加害のいじめ問題が解決したばかりであり，教室ではいつもと変わらない様子だったので，いじめを受けているとは気づかなかったことも報告しました。

　次の質問タイムで情報を広げました。いじめの期間や頻度が質問されると，いじめが小学生のときから続いていたこと，日常のさまざまな場面で繰り返されていたことがわかりました。ユウさんが長い間，上級生の仕返しを恐れるようになったエピソードも明らかになりました。ユウさんの友人関係について質問があり，孤立しがちな友達を誘って一緒に活動していたことや，人の役に立ちたいと語っていたことなどが周りの先生からもつけ加えられ，ユウさんのいらだちを感じていた先生からの情報もありました。これらは，いじめの詳細の共有に役立つとともに，ユウさんの別の一面に気づくことにもつながりました。担任は，「強がりをみせるその陰で，だれにも言えず一人でずっと耐えてきたユウさんの『自分を見てほしい，

守ってほしい』という声を聞いたように感じた」と発言しました。担任の意見で，ゴールメンテナンスが行われ，「ユウさんの不安を取り除くために，すぐできることは何か」に，目標が変更されました。

　ブレーンストーミングでは，先生方から多種のアイデアが出され，担任はその中から，すぐに取り組めてユウさんに伝わりやすいものとして，「がんばっていることを探して，いいねと伝える。勇気づける」「君を守ると伝える」「君を見ているよと繰り返し伝える」の三つを選びました。

　先生たちは，自分のすべきことを考えていましたが，ほかの課題はまだ残ったままです。ファシリテーターが，今後もチーム会議を継続することを提案して，１回目のチーム会議は終わりました。

◆振り返り──本人だけでなく学級・学校全体を育てる活動へ

　会議は30分程度でしたが，チーム内でいじめの概要を共有し，ユウさんのために真っ先にすることを明らかにするというねらいは達成できたと思います。翌日，担任が「昨日は話してくれてありがとう。これからは先生が守るよ」と言葉をかけると，ユウさんはほっとしたような表情になったと言います。担任の決意がユウさんにしっかり伝わったことは，いじめ対応のスタートとして意味がありました。

　いじめの解決に向けて大事なのは，常に動き変化している状況に合わせて，組織的・継続的に対応することです。この事例でも，取り組みを報告し，修正を加えていく過程で，30分のチーム会議がその後，何度も開かれました。そのなかで，道徳や学活，生徒会活動の時間に自己を振り返ったり，仲間づくりを考えたりするなど，ユウさんだけでなく学級・学校全体を育てる活動に取り組むことになりました。

　また，加害生徒への対応，保護者への視点についても，チーム会議で話し合われました。チーム会議を重ねたことで先生たちの生徒を見守る姿勢も，一つにまとまっていったようです。

いじめ加害者への指導（中2男子）

概要　1年生のユウさんから「シンさん（仮名，中2）からいじめを受けた」という訴えがあった。シンさんは，以前は強い衝動性があり，トラブルが頻発したものの，現在は部活や生徒会で活躍している。いじめは数カ月前のことであるため，現在は前向きに取り組もうとしているシンさんに対して，慎重に適切な指導をしていく必要があると考えた担任が，チーム会議を要請した。

出席者（11名）　事例報告者：学級担任。ファシリテーター：スクールカウンセラー。参加者：1年1組担任（いじめ被害生徒の担任）と学年主任，2年1・2組の担任と学年主任，生徒指導主事，教育相談担当，養護教諭，教頭

目標（今日のゴール）

「シンさんがいじめをしないために，どう指導するか」

[ゴールメンテナンス] ➡ 「シンさんの成長につなげるため，どう指導するか」

◆**事例報告**（現状）

・シンさんは生徒会執行部になったことで変わってきた➡成長している。
・周りの話を聞こうとしている。
・折り合いをつけるようになった。
・リーダーとしての自覚あり。
・みんなをまとめたいという思い。
・大声で制することが減った。
・話をする相手が増えた。
・ほかの3人も落ちついてきた。➡集団になるとざわつき感が出る。小さいころ問題児としてみられた。➡抜け出させたい。
・「またおまえか」ではない指導を。

◆**質問**（リソース探し）

・授業中の私語や指名なしの発言が減った。
・提出物も出せるようになった。
・グループの話し合い➡女子の意見を引き出した。どのメンバーにも同じように接した。
・最近は下級生にやさしい。
・仲間への暴言も減った。
・成長が外からみてもわかる。
・ユウさんは「最近はいじめられない」と言っている。
・生徒会執行部でよく発言する。意欲的，前向き。

事例報告者（担任）の気づき

　シンさんが下級生をいじめていたと聞いたとき，最近は生徒会執行部として前向きに生活しているのでとまどいました。指導の仕方によってはシンさんのやる気をくじきかねないと思ったからです。シンさんにどうかかわっていくかを話し合うなかで，チームが一緒に知恵を出し合って，たくさんのアイデアと励ましをいただきました。その後もたくさんのサポートをしてもらいました。とても心強いチームに支えられました。

終了時刻 17：30

◆ブレーンストーミング（解決策）

・がんばっているところを探して勇気づける。
・生徒会執行部で互いのがんばりを認め合う活動を仕組む。

・学期末面談で，シンさんの生徒会活動の様子と下級生への言動を保護者に伝える。〔主任，担任〕

・学校で取り組んでいることとその経過を保護者に伝える。〔主任，担任〕

・生徒会活動で生徒間の関係を考える活動を仕組む。
➡担任が活動の担当者になる。

・下級生とトラブルなくかかわれたとき，シンさんのがんばりを認める。

・生徒会執行部で人間関係の課題などの現状を振り返らせることを通じてシンさん自身に考えさせる。〔担任，生徒会担当〕

ここがポイント

　生徒会担当だった担任が生徒会活動を支援し，「先輩・後輩のいい関係をつくる」キャンペーンを行うなど，学校全体へと活動が広がりをみせました。
　本チーム会議が担任を勇気づけ，前向きな取り組みにつながったと考えられます。

次回 1週間後の〇月〇日（水）17:00 ～　会議室

◆いじめ加害者への指導を検討するチーム会議の様子

　会議の初めに，目標（今日のゴール）を，「シンさんがいじめをしないために，どう指導するか」と事例報告者（学級担任）が設定しました。

　そして，シンさんについての現状と担任の願いを報告しました。シンさんの様子を語る担任が，これまで根気強くシンさんを見守ってきたこと，シンさんが前向きに変化しよう，自ら成長しようとする力を強く信じていることが参加者に伝わってきました。

　次の質問タイムでは，いじめの詳細についての質問が出され，いじめが多かったのは，数カ月前の運動会の時期までで，最近はほとんどないことなどが確認できました。シンさんの最近の様子として，授業中の態度が改善されたこと，提出物・忘れ物が減ったことなども報告されました。

　次に，ファシリテーターが，「この目標（今日のゴール）でいいですか？」と目標の確認をすると，担任は，「いまのシンさんだからこそ，大事にしたい指導があると思う」と，自分の思いを語りました。

　その発言を受けて，参加者から，「今回大事にしなければならないことは何だろう？」という問いが出されました。担任は，「今回のいじめの指導をシンさんの成長のためのチャンスにしたい」と答え，ファシリテーターがそれを受けて，「目標を示す言葉に言いかえるとどうなりますか？」と促しました。すると，「『シンさんの成長につなげるため，どう指導するか』という目標に変えてもらえますか」と言い，こうしてゴールメンテナンスが行われました。「〜しない」から「〜する」に視点が変わったのです。

　方向性が定まると，参加者からアイデアが次々と出されました。担任は，生徒会活動を通してシンさん自身に考えさせることなどを選びました。

◆振り返り──チーム会議が担任を勇気づけ，前向きな取り組みに

　担任は淡々と，シンさんに１年生（ユウさんの名前は伏せて）からの訴えがあった事実を伝えました。同時期に，生徒会では新年度に取り組むキ

ャンペーンの準備に取りかかっていました。担任が生徒会担当だったこと
は最大のリソースでした。生徒会活動で，学校の課題を話し合うなか，シ
ンさんは自分が小学生のころから弱い者いじめをしてきたこと，下級生か
ら怖がられていると思っていること，自分も同じような体験があり，嫌な
思いをしたことなどを語りました。

　生徒会メンバーもさまざまな体験を語り合い，「先輩・後輩のいい関係
をつくる」キャンペーンに取り組むことになりました。ここでは，生徒会
担当の先生たちのチームワークも生かされました。先生方との話し合いの
なか，「このキャンペーンに取り組むことで，シンさんはかつての失敗を
取り返したいと思っているようだ」と担任は語りました。

　シンさんの保護者への報告では，主任と担任が，シンさんの生徒会での
様子とともにいじめの事実も報告し，学校で取り組んでいる内容も伝えま
した。保護者からは，学校の対応に感謝する言葉を受け取ったそうです。

　年末に，いじめの被害者である1年のユウさんと保護者が「もう大丈夫
です」と学校に伝えたことで，このいじめ問題は解決となりました。シン
さんがユウさんに直接謝罪することはありませんでしたが，それでもユウ
さんが「大丈夫」と言えたのは，シンさんの変化にユウさんも気づいたか
らだと思います。その変化は，シンさんを根気強く見守り続けた担任の力
に支えられたものであり，担任の考えを理解し，さまざまな形でサポート
したチームがあったことも大きな力になっていました。

　後に担任はこう語っています。「振り返ってみると，周りの先生が自分
の指導方針を理解して見守ってくれたことが，とても力になりました。ま
た，自分の目が届かないところでも，先生たちがシンさんのがんばりを認
めてくれました。とてもありがたく，自分を支えてくれるチームの中にい
るのだといつも感じていました」

　会議時間はたったの30分——けれどもこの時間は貴重なものです。先
生たちの前向きな取り組みを支え，勇気づける時間になったからです。

基本事例3　落ち着きのない幼児への対応（年中女児）

概要　保育園年中のリホちゃん（仮名）は，落ち着きがなく，自分の気持ちに合わないことが起きると暴れて，ほかの園児と一緒の活動ができない。担任の保育士は，「どうしたら先生の指示を聞いて行動できるか」と悩んでいる。担任から相談員への相談を契機に，保育園関係者間でチーム会議を実施した。

出席者（6名）　事例報告者：年中担任。ファシリテーター：教育相談員。
　　参加者：園長，副園長，主任保育士，年中組の支援員

目標（今日のゴール）

「リホちゃんの言動を変えるために，何ができるか」

ゴールメンテナンス ➡ 「リホちゃんの困り感に寄り添うために，何ができるか」

◆事例報告（現状）

- 母親は会社員。リホちゃんについて困り感を感じていない様子。
- 医療機関受診をすすめることはむずかしい。
- 祖父母が面倒をみる。祖母は困り感を抱いている。
- 自分が思っている通りでないとパニックになり，暴れる。暴言，唾をかける。

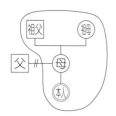

- 昼寝など一緒の活動ができにくい。
- いつも落ち着きがない。
- 先生の指示に従わないことが多い。
- お気に入りのA先生におんぶや抱っこを要求。おんぶするとずっとそのまま。
  ➡おとなしくなる。

◆質問（リソース探し）

- 苦手なことは？⇒片づけ，騒がしい教室，通常の場所が変わっているといなくなる。
- お昼寝できたときは？⇒段ボールで壁を作り，A先生と一緒だったとき。
- みんなと一緒の活動ができたときは？
  ⇒活動の内容がわかっているとき，得意な活動のとき。
- 集中して取り組めたときは？⇒制作の準備を手伝ってもらったとき，喜んで制作に取り組んでいた。

事例報告者（担任）の気づき

　リホちゃんのかかわりにはほとほと困っていましたが，これからできることがたくさんわかり，ありがたかったです。いままで「わがままな子」「いうことをきかない子」と思ってきたのに，私はもしかしたら，リホちゃんの困り感を無視してきたのではないか，と気づきました。変わらなければいけないのは私たちだと気づくことができました。

終了時刻 16：30

・活動できたのは？⇒おんぶしたとき
・おんぶを要求するときは？⇒違和感や過敏さがあり，安心を求めて騒いでしまう状態では。
　➡感覚過敏？

◆ブレーンストーミング（解決策）

・一日の計画を朝のうちに教える。
・事前にすることを教える。
・おんぶや抱っこをすぐに拒まない。
・祖母とお母さんをねぎらう。
・リホちゃんをまねて同じ行動をしてみる。
・みんなでかかわっていく。
・気持ちや感情を代弁する。
・パニック状態のときはそっとしておく。
・我慢できたときにほめる。
・いいところをタイムリーにほめる。
・できたことを認めて，声をかける。

次回 ○月○日（火）16：00 ～　会議室

ここがポイント

　当初は，落ち着きのない幼児への対応で悩んでいた担任自身の困り感が強い状態でした。しかし，例外探しやリソース探しの質問によって，視点は保育士側の困り感から，幼児本人への困り感へとシフトしました。これをチームで共有できたことは，特別支援教育を進めていくうえでも有意義な結果となりました。

◆落ち着きがない幼児への支援に関するチーム会議の様子

　リホちゃんの担任は，初めて年中児を担当する若い保育士で，教育相談員が定期訪問したときに，リホちゃんについての困り感を話してくれました。ちょうど放課後の時間帯だったので，急遽ほかの保育士も集めて，解決志向のチーム会議を行うことになりました。「リホちゃんの言動を変えるために，何ができるか」を目標（今日のゴール）に設定し，リホちゃんへの対応を相談しました。

　事例報告者（担任）の報告によると，家庭の状況は，母親は離婚して実家に戻り，会社員として働きに出ているため，いつもは祖父母が面倒をみている状況だそうです。母親はリホちゃんの困り感について話をしても，まったく取り合う様子がみられず，発達についての医療機関受診の相談などをすすめることはむずかしいようです。

　担任は，リホちゃんが指示に従ってくれないことに困り感を募らせている状態でした。年少クラスからかかわっている支援員からは，リホちゃんはおんぶするとおとなしくなることから，仕方がないと思いながらも要求に応えていることが語られました。

　次の質問タイムでは，ほかの保育士たちは，同じ園の中での情報を共有しているためか，質問はあまり出ませんでした。そこでファシリテーター役の教育相談員から，「お昼寝がスムーズにできたことはありませんでしたか？　お昼寝ができたときは何があったからできたのですか？」や「リホちゃんが，集中して何かに取り組めたときはありますか？」などの質問をしました。ここから，参加者の質問したい内容が広がりをみせ，好きなこと，得意なこと，苦手なことなど，リホちゃんについて，改めて確かめるような質問が出てきました。

　「どんなときにおんぶや抱っこを要求してくるのか？」という話になったとき，「もしかしたら，極端な感覚過敏があるのかもしれない」という意見が出ました。「リホちゃんが感じている違和感や過敏さゆえに，安心

を求めて騒いでしまう状態なのではないか」という仮説が出ると，リホちゃんについて改めて理解していこうという雰囲気がさらに広がりました。こうして，ゴールメンテナンスが行われ，「リホちゃんの困り感に寄り添うために，何ができるか」へと目標が変わりました。解決策を出し合うブレーンストーミングでは，短時間の中でも，保育士たちからたくさんのアイデアが出されました。

　その中から，新たにすることとして事例報告者が選んだのは，「事前にすることを教える」「気持ちや感情を代弁する」「いいところをタイムリーにほめる」「できたことを認めて，声をかける」でした。

◆振り返り── 「困った子」から「本人の困り感」へと視点が転換

　会議のはじめのうち，「何をすればリホちゃんは言うことを聞くようになるの？」と，困り感は先生方にある状態でした。そのまま解決策を考えた場合，保護者のしつけに原因を求めたり，担任の指導の問題点を洗い出したりと，原因志向の話し合いになってしまったかもしれません。

　そこで，ファシリテーターは「例外探し」や「リソース探し」の質問を使って，参加者が解決志向になるよう水を向けていきました。質問に答えるなかで，「常にわがままなわけではない」「うまくできることもある」ことがわかると，わがままな言動だと思っていたことが，もしかしたら，かかわりの問題や感覚過敏からくるリホちゃん自身の困り感だったかもしれないと，視点の変化が生じてきました。

　会議を通じて，問題行動を考えるときに「ほんとうはその子の困り感なのでは？」という視点を先生方と共有できたことは，今後，特別支援教育を進めていくうえでも大切な視点につながると感じることができました。参加した保育士の方々からは，「短時間でたくさんの意見が出てきた」「自分たちが気づかなかったことにもふれることができた」という振り返りがあり，ほっとした雰囲気で会議を終わることができました。

概要　ユイさん（仮名，中1）は，場面緘黙の状態が続いている。入学当初より学校では話さず，2カ月前から相談室登校となり，教室に入ることがほとんどなくなり，最近は欠席日数も増えてきた。意思表示がはっきりしないため，コミュニケーションのとり方がわからず困っている担任の要請で，チーム会議が開かれた。

出席者（8名）　事例報告者：学級担任。ファシリテーター：教育相談担当。
参加者：学年団の先生（3名），養護教諭，スクールカウンセラー

目標（今日のゴール）

「ユイさんとどのようにコミュニケーションをとればよいか」

◆**事例報告**（現状）

・ひとことも話さず，あいさつもしない。
・意思の確認ができない。
・いまは学級に入ることはほとんどない。
・2カ月前から相談室登校。
・最近，欠席も増えてきた。
・部活（書道部）には出ているが，周りの女子の中には「嫌なんだよね，『ありがとう』も言わない」と顧問に相談している生徒もいる。

◆**質問**（リソース探し）

・春は教室に行っていたが話さず。
・幼稚園のころから話さない。
・家では話すらしい。
・表情がない，反応がない，目を合わさない。
・テストでは10番以内。
・字がきれい。習字が上手。
・絵が上手。
・特別教室に一緒に行く人はいた。
・部活で1回話したらしい（詳しくはわからない）。
・掃除など決めたことはきちんとする。
・進路希望はわからない。

事例報告者（担任）の気づき

　場面緘黙のあるユイさんとコミュニケーションがとれずに悩んでいたときに，教育相談担当の先生が声をかけてくれました。会議で質問に答えるうちにユイさんの得意なことをいろいろ思い出し，話をしないことにとらわれすぎていたなと思いました。そして，こんなにやれることがあった！　と，はっとしました。これからは相談室にもっと顔を出して，ユイさんの返事がなくても話しかけてみたいと思います。

終了時刻 16：45

◆ブレーンストーミング（解決策）

・進路指導をする。　・遊ぶ（絵しりとりなど）。
・選択肢を絵で示す。　・一緒に習字（好きな字）。
・自己決定させる（サインで確認）。
・手話を教える。　・英語で聞く。
・返事がなくても話し続ける。　・家に友達を呼ぶ。
・「いろんな人がいるでしょ，いまは声を出せないんだよ」などと，周りに説明する。
・仕事をもたせる。　・掲示物を作ってもらう。　・散歩でよりそう。　・家にTELする。　・ペットを飼う。
・笑わせる。　・ホストクラブのホストののりで。
・話さないことを問題にしない。
・無理に話をさせようとしない。
・歌を口ずさむ「返事がないとさびしいな〜♪」
・相談室の子に「勉強を教えて」と言ってもらう。
・むずかしい漢字を聞く。
・できていることを本人に伝える。
・決めたことを守っていることを勇気づける。

次回 ○月○日（木）16:00〜　会議室

ここがポイント

　質問タイムでは，最初はリソースにつながる質問は出ませんでした。そこでファシリテーターが，リソース探しの意味を再度伝え，例外探しなどの質問で，参加者にはたらきかけたところ，一気に活発化して停滞を脱却しました。
　ブレーンストーミングでは，ユーモラスな内容を含む多様な解決策が出されました。

◆場面緘黙の生徒への支援に関するチーム会議の様子

「(場面緘黙のある) ユイさんとどのようにコミュニケーションをとればよいか」を目標 (今日のゴール) に, チーム会議がスタートしました。

事例報告を行った学級担任は, ユイさんの情報が少なく, これまでもあまり自分が対応できていないことに, 恐縮している様子でした。

ユイさんは, 小学校からの引き継ぎでは, 幼稚園のころから, 家では話すものの, 園や学校ではほとんど話をしなかったとのことで, 今後も話をするのはむずかしいと思っていること, ユイさんは表情がはっきりせず, 反応がないため, 友達も距離を置くようになってきていることなどを報告しました。2カ月前から相談室登校となり, 教室に入ることがほとんどなくなり, 最近は欠席日数も増えてきたといいます。

学年団の先生方も, 担任の困り感に対してうなずく様子はみられたものの, 質問タイムに入っても, リソース探しの質問はあまり出ることなく, みんなが「むずかしいケース」と感じている様子でした。しかし, 「得意なこと」についての質問が出されたことを皮切りに, 字や絵が上手であり, 学力も高いほうで, 友達がまったくいないわけではないことなどがわかってきました。ユイさんのポジティブな側面がみえはじめると, 会議の停滞したムードは一転し, ブレーンストーミングに入ると多様でユーモラスな解決策も出て, 活発な話し合いになっていきました。

最後に担任は, これからしてみたいこととして, 「笑わせる」「ホストクラブののりで」などユーモラスなものを含む八つの解決策を選びました。無理なく行えることがたくさん見つかったようです。

◆振り返り──ユーモアのある解決策が続出。チームワークも強化

翌日, 担任はさっそく相談室に顔を出しました。ユイさんが書いていた問題集の文字を見て, 「ていねいだね」と言ったところ, ユイさんがグーサインを出してきたと, 笑顔で報告してくれました。会議に参加した同僚

たちが，みな自分事として困難な問題を一緒に考えてくれたことが，担任の背中を押し，モチベーションも上がったように感じます。

　担任を含め，チーム会議に初参加の人が多く，当初は少し緊張感がありました。最初のうちは，リソース探しの質問がなかなか出ず，沈黙が続きました。「話さない生徒に何ができるのか」と，無意識のうちに思考停止に陥っていたのではないかと思います。

　そこでファシリテーターは，具体的な状況を聞く質問がいくつか出されたところで，リソース探しの意味を再度伝え，「少しでもできていることや例外を探してみましょう」と，参加者にはたらきかけました。また，質問のヒントとして，学習面，心理・社会面，進路面，健康面（学校心理学の領域）からユイさんの様子を考えていくとよいことを伝えました。

　すると質問が増えはじめ，担任自身も，ユイさんが部活で話したことがあると聞いたことや，得意なことがいろいろあることを思い出していきました。このあたりから会議の空気が大きく変わり，「話をしないむずかしい子」というユイさんに対する先生方の見方が柔らかくなったように感じました。その影響か，深刻にむずかしく考えるばかりではなく，「笑わせる」「返事がなくても話しかけ続ける」「ホストクラブのホストののりで」など，ユーモラスなアイデアも出はじめました。こうして少しほぐれた雰囲気になったことで，さらに多様な発想が生まれ，最終的に多くの解決策が出たものと思われます。

　参加者からは担任へねぎいの言葉が聞かれ，学年としてもユイさんにできることがあるとわかったことで，学年団のチームワークも高まりました。また，場面緘黙のある生徒への対応のヒントもスクールカウンセラーから出され，専門性の高い情報を得ることにもつながりました。教育相談担当として，この会議を通じて，自分も含め，チームで子どもに対応するための第一歩になったと感じています。

授業が成立しない学級への支援（小3）

概要　小学3年のこの学級では，クラス替え後1カ月ほどで，授業中の離席や私語が多くなり，子どもたち同士のトラブルも多発し，スムーズに授業が進まない。荒れの中心になっている児童はA男，B男，C男の3人。C男は発達障害の診断。この状況をどうにかしたいと，担任がチーム会議を要請した。

出席者（6名）　事例報告者：学級担任。ファシリテーター：教育相談担当。
　参加者：教頭，教務，学年主任，支援員

目標（今日のゴール）

「授業中に離席や私語をしない。トラブルをなくす」

ゴールメンテナンス ➡ 「学習を充実させる」

◆事例報告（現状）

・毎時間だれかが離席。注意すると離席者が増える。
・中心はA男，B男，C男（Cは発達障害）。AとBがCをからかい，面白がっている。
・〇月〇日：AとBが言い争い，Aがすねて教室に入れず。／〇月〇日：A，B，DがCをからかい，Cが切れてつかみかかる(親は謝罪するも暴力を止める気はない)／〇月〇日：CがBにぶつかり，けんかになった。

◆質問（リソース探し）

・私語が多い。
・担任の話に反応して関係のない話をし出すときがある。
・静かに課題に取り組んでいる姿があった ➡ 取り組む人が増えるとやる。計算・漢字はわりとやる。
・朝学習はちゃんとやっている。
・給食の準備はよくなっている。
・Aがお楽しみ会でリーダーとしてがんばっていた。
・廊下で会うとあいさつしてくれる。
・女の子が泣いていたら，みんな気にかけていた。

事例報告者（担任）の気づき

　授業中の離席や私語などで授業が進まないことや，子どもたち同士のトラブルの多さに対する困り感が強くありましたが，そんななかでもがんばっている子どもたちがいることに気づくことができ，視野が広がりました。参加者から「できていたよ」と返してもらえてほっとしました。すぐには変わらないかもしれませんが，子どもたちのできていること，がんばっている様子に目を向けて，ほかの先生方の助けも借りながら，会議で選択した内容をやってみたいと思います。

終了時刻 16：30

◆ブレーンストーミング（解決策）

・朝のルーティンを決めて朝学習につなげる。〔担任〕

・朝学習の助っ人を週1回から毎日にする。〔教頭〕

・早く終わった子用のプリントを準備する。

・教師が話しているとき，子どもが反応した言葉を取り上げない。〔担任〕

・支援員の先生が重点的に入るよう調整。〔教務〕

・離席，私語は無視して，「やさしい知らんぷり」をする。〔みんなで（注意は1回）〕

・できている子，できているときに注目〔みんなで〕

・できるだけ授業の様子を見に行くようにする。

・A，B，Cのいいところ，がんばったところを毎日ノートに書いて伝える。〔担任〕

・終わりの会でできる楽しいことを，子どもたちに企画させる。

・保護者面談に教育相談担当か相談員が同席する。

ここがポイント

　会議当初は，授業が成立しないという現状に，担任の困り感が強い状態でしたが，できているところに目が向くようになると，前向きにとらえられるようになっていきました。

　また，「いまできること」に焦点化されてくると，参加者各人ができることを行うという流れになり，チーム学校で協力し合える雰囲気が醸成されていきました。

次回 ○月○日（月）16：00〜　会議室

◆授業が成立しない学級への支援に関するチーム会議の様子

　「授業中に離席や私語をしない。トラブルをなくす」を目標（今日のゴール）に設定し，会議を開始しました。

　事例報告者の担任は，とても硬い表情で，最近の子どもたちの様子を報告しました。3年生でクラス替えがあり，初めの1カ月は落ち着いていたものの，しだいに落ち着きがなくなり，児童間のトラブルも発生し，その指導が授業時間に食い込むようになってきている状況とのことでした。何日にどんなトラブルがあって，どんな対応をしたかという報告だけで5分を超過するほど，トラブルが頻発している様子でした。

　中心的な児童はA男，B男，C男で，C男は発達障害の診断を受けています。A男とB男がC男をからかい，面白がっている様子のときが多く，担任はA男，B男，C男の保護者との面談を繰り返していますが，保護者からは，「学校の対応の問題だ」と言われ，協力的とはいえないようです。

　質問タイムに入り，ほかの参加者から状況のつけたしを促すと，教室の様子を見に行ったとき，「みんなが課題に取り組んでいる様子が見られた」との報告がありました。担任は，「計算問題などやり方が明確な課題であれば，多くの子が静かに取り組み出すと，ほかのことをしている子どもたちも1人，2人と課題に向かうようになる」とのことでした。

　担任が子どもたちのできている様子を語るうちに，ふっと「そう，がんばっている子たちもいるんです」とつぶやき，表情がフワっと柔らかくなりました。さらに参加者から，少しではあってもよくなっていると感じる点の報告がいくつかあげられ，管理職からも出されました。

　目標の確認では，担任が，「学級全体を考えて肯定的な内容にしたい」と話し，「学習を充実させる」が新たな目標となりました。

　その後の解決策を出し合うブレーンストーミングで，担任からは，「離席や私語などの不適切な言動には注目せずに，できているところに注目していくようにしたい」という話がありました。A男，B男，C男には引き

続き,「一日の最後にできていたことをノートに書く」ことは続けたいとのことでした。参加者から,「朝のルーティンを決めて,朝学習の後すぐに朝の会に移行できるように」という話が出ると,朝学習の支援に週1回行っている教頭先生から,「毎日にする」という申し出がありました。それ以外にも,「支援員の先生が,そのクラスに重点的に入るよう調整しよう」と,周りの先生方からも話が出ました。

　「それぞれの教員が,自分のやれることをやってみましょう」ということで会議は終了しました。

◆振り返り── 「いまできること」に注目することでチームが結束

　担任はそれまでも,いろいろと手だてを考え,がんばっていたのですが,空回りし,悪循環から抜け出せずにいました。なかなか改善しない状況に,担任団と管理職との間に溝ができつつあると感じていました。そのため,会議の最初のほうで私(ファシリテーター)が,「よいところ,できているところに目を向けていきましょう」と声をかけました。

　事例報告では,一つ一つのトラブルを説明しているうちに時間がなくなってしまい,話の途中でどのように切り上げ,次に進むか悩みました。「時間になりましたので,次に移ります。必要であれば後で確認しましょう」と先を促すことにしました。

　ほかの参加者から,できている様子が報告されたときは,「よいときの原因追及」で,具体的な場面がみえていくように,時間帯や状況などを問う言葉がけを行いました。

　参加者全員が,「子どもたちのために」という思いをもって日々を過ごし,この会議に臨んでいました。熱意があるぶん,うまくいかないと齟齬が生じてくることに気づかされました。しかし,子どもたちのために「いまできること」に気持ちが向くと,みんなで協力し合えることを,改めて実感できた会議になりました。

活用事例1　学年団を一つのチームにしたい（学年主任）

概要　登校をし始めたエリさん（仮名，中2）の支援について，ほかの教師に任せてかかわろうとしない担任に，周りから不満の声が上がった。学年団の結束を固めるため，「チームで共有し役割分担をしよう」と投げかけ，自分ができることについて担任自らが気づくきっかけとなるよう，ケース会議を行った。

出席者（5名）　事例報告者：なし。ファシリテーター：学年主任。
参加者：2年2・3組の担任，教科担任，学級担任（2年1組）

目標（今日のゴール）
エリさんがたくさん話したくなる関係をつくる

◆エリさんの成長
・指定のジャージ，上履き。
・あいさつを返す。
・数学は自分で解こうとがんばる。
・学習用具は机に出す。

◆もうちょっとなこと
・始める前の講釈が長い。
・なんでこんな勉強するの？　と不機嫌。
・問題の意味がわからない。
・漢字で書かないと×はおかしい。
・母親の不安がときどき大きくなる。

◆いい感じのとき
・こちらが話をていねいに聴くと，そのあとは課題に取り組める。
・こちらが聴くことに時間を使うと，切りかえができる。調子がいい。
・話しつくすとやり始める。

◆関係づくりのために
・本人の計画や考えを尊重する➡×これしないとだめだよね。
・勉強の量，学校にいる時間にこだわらない。
・教科の学習にこだわらずに，言い分をていねいに聴く。
・母親に学校のエリさんの様子を詳しく伝える。
・多くの職員が自然な形でかかわれる仕組みを新たにつくる。
・母親に学校での様子を伝える，連絡帳の交換。〔学級担任〕

◆特定の教師に対する学年団の不信感を払拭するために

　1年以上も完全不登校だったエリさんが，少しずつ登校を始めました。まずは別室で過ごす日々が続き，学年の先生方で担当を決め，エリさんを支えました。普段エリさんにかかわるのは，本人が希望する教科担任と学年主任で，エリさんに選ばれなかった学級担任の鈴木先生（仮名）はエリさんにかかわることが減り，保護者対応も学年主任の私に任せきりになりました。この様子に周りの先生方は不満を募らせ，学年の結束を揺るがしかねない状況になっていました。

　鈴木先生はほかの生徒へのかかわりには前向きであり，エリさんへの対応とは大きな差がありました。本人に話を聞くと，「エリさんは初めて出会ったタイプで，かかわり方がわからない」と言います。私は，彼の不安と自信のなさが，かかわりの薄さとして現れたのだと思いました。

　そこで，以前から生徒指導で取り組んでいた解決志向のチーム会議の手法を使い，エリさんへの対応を検討するケース会議を行うことにしました。この手法を使うことにした理由の一つは，私から鈴木先生に対して個別に助言するよりも，「対応方針をチームで共有し，役割分担をしよう」と投げかけたほうが，鈴木先生の不安を減らすことができると考えたことです。もう一つは，鈴木先生自身が「自分ができることと，すべきことは何か」について，自ら気づくきっかけにしてほしいという願いです。

◆参加者の勇気づけで，できることを自己決定した担任

　私がファシリテーター，2学年2・3組の担任と教科担任，学級担任の鈴木先生が参加者となり，事例報告者は設けずに会議をすすめました。そのため事例報告は，各参加者が，エリさんの様子の変化を中心に経過報告をする形としました。「私服ではなくジャージを着て来るようになった」「おはようとあいさつを返す」「数学は自力で解決しようとする」など，次々とエリさんの様子が出されました。この時点では，鈴木先生は黙って聞い

ているだけでした。

　リソース探しでの「学習に意欲を示さないときはどうしていますか？」という質問には，「なんでこんな勉強するの？　と不機嫌になる」「人物名は漢字以外が誤答なのは納得できないと言い続ける」などの話が立て続けに出され，エリさんの対応にみんなが困っていることがわかりました。それに対して，「私は，まずエリさんの持論をていねいに聴くようにしている。よく話をした後は課題に取り組める」など，対応のヒントが出されました。

　さらに情報が集まったところで，エリさんは十分に語った後に意欲的になることが多いので「エリさんがたくさん話したくなる関係をつくる」を目標（今日のゴール）に，そのためにできることを話し合いました。「エリさんと相談して決めた計画や考えを尊重する」「言い分をていねいに聴く」「母親に学校のエリさんの様子を詳しく伝える」「多くの職員が自然な形でかかわれる仕組みを新たにつくる」など多様なアイデアが出され，最後に，役割分担について話し合いました。

　「私は，もっとエリさんの言い分を聞くようにします」というように，周りの先生から声が上がると，鈴木先生も，「母親に学校でのエリさんの様子を伝えることは私がします。よくお手紙をくださるお母さんと交換日記をします。担任ですから」と宣言したのです。周りの先生方は「いいね，担任だからできることだね」と応じ，勇気づけました。

◆チームワークの高まりとともに，担任の意欲もアップ

　ケース会議はその後も定期的に続け，それによって鈴木先生とほかの先生との交流も増えました。互いの役割が明確になったことで，学年の中で互いに感謝やねぎらいの言葉を交わす機会も増えました。また，鈴木先生は保護者との交換日記に意欲的に取り組み，年度が終わるまで続きました。エリさんへのかかわりも自然と増え，この年，エリさんはほぼ毎日登校し，自分で決めた時間割で学習し，たくさん読書をしました。

Column 4

解決はその人の中に

伊藤なおみ

　子ども（あるいは，保護者や同僚）から相談を受ければ，何とか解決してあげたくなるものです。でもちょっと待ってください。実は解決はすでに本人の中にあるのです。なぜなら，自分は自分の専門家だからです。

　「ここに種があるよ。あなたの解決の種だよ」と，本人の中の種を一緒に見つけていくことが，支援者の最初の役割ではないかと思います。必要であれば土を耕すのを手伝い，一緒に水やりをしますが，最終的には本人が自分で自分の解決の種を実らせるのです。

　種探しの秘訣は，「どんな質問を繰り広げるか」です。そこに解決志向，ホワイトボード，勇気づけのトリプルプレーが加われば百人力です。

　例えば，部活仲間とのトラブルに悩んでいる生徒に，「もしトラブルが解決したらどんなふうになっている？」とリアルに想像してもらい，それをホワイトボードに書きとめます。解決した状態が「部活でみんなと話をしている」だとしたら，「どんなふうに？」「何を？」と具体的な質問を重ねます。「笑いながら大会がんばろうねって」と語る生徒の姿に，つらい状況にあっても解決像が描ける力を感じ,驚かされます。それを本人にフィードバックして勇気づけます。もしも解決像が描けなくても，相談に来ていること自体が解決の種だと勇気づけることができます。

　そして，スケーリング（数直線）をホワイトボードに描き，「いまの状態を5点として，ほんの少し上がって6点になっていたとしたら，いまと何が違う？」と具体的に尋ねます。すると生徒はホワイトボードを眺めながら，「いますべきは6点のこと。10点に向かっていまは『あいさつだけはする』でよいのだ」と気づきます。

　その後,最後にこう伝えます。「私はただあなたに質問しただけで何も教えてはいないよ。あなたの中にはすでに解決の種があったんだね」と。相手は勇気づけられ，解決の種を育て始めるのです。

概要 トモさん（仮名，中2）は，登校後，机にふせていることが多く，気分不良や頭痛を訴えて保健室で休養することが多い。本来は活発な生徒で，ときには授業中に立ち歩きもみられ，大声で話し始めることもある。極端な生活態度を心配した担任と養護教諭が，保護者と本人に呼びかけ，チーム会議を行った。

出席者（4名） 事例報告者：学級担任。ファシリテーター：養護教諭。
参加者：トモさん，母親

目標（今日のゴール）

「トモさんがさわやかな気分で朝の会に参加するための工夫を見つける」

◆トモさんの現状

○学校での様子
・クラスの大切なムードメーカー。
・配達係を忘れずまじめにやる。
・掲示物の文字が力強い。
・教室移動がだれよりも早い。
・給食をモリモリ食べる。
・部活動で一番いい声が出るので，試合でみんなが励まされていると顧問が言う。
・後輩の面倒みがよい。
・環境委員として大活躍している。
・後片づけを最後までやる。
・担任が体育館に忘れた物をそっと届けてくれた。とても親切。

○家庭での様子
・毎日夕食を楽しみにしている。パクパク食べるので作りがいがある。
・サッカーの応援に行くのが楽しい。おかげでお母さんも友達が増えた。
・疲れていても風呂掃除をしてくれるときがある。とても助かる。

○心配していること
・朝から元気がない日がある。かばんもそのままで机に伏せて寝てしまっている。
・体調不良を訴えて保健室に来る。ベッドで気を失ったように寝るので心配になる。
・元気すぎる声に，周りがとまどうときもある。
・登校するとかばんを片づけ，さわやかな表情の日もある。

トモさん
・「自分もさわやかにスタートしたいと思う」
・「もっと勉強に集中したい」
・「調子が悪いと，テンションが高くなっていると思う」

子ども本人（トモさん）の気づき

絶対に叱られる会だと思って，緊張してきたんです。でも先生もお母さんも，自分のために一生懸命になってくれて嬉しかったです。そして，ダメダメだと思っていたけど，できている日もあることがわかったら，やれそうな気持ちになってきました。自分で決めたことを早速今晩から実行して，さわやかな毎日にしていきたいです。

終了時刻 17：30

○質問：さわやかでいられる日の生活の様子は？
・自分で起きるか1回の声がけでぱっと起きる。
・コタツで二度寝していない。
・目標時刻に寝る（午後10時）。
・家全体が早めに寝るモードに入っている。
・夜ごはんを食べたらすぐ宿題にとりかかっている。
・学校の空き時間に宿題をやった。
・朝宿題をした。
・犬を散歩させてきた。
・朝スッキリ排便があった。
・朝食に自分の好物が出る。
・学校の机が片づいているとさわやか気分になる。

発見！これらが「成功」に導く工夫なのではないか？

◆これからトモさん自身がやっていきたいこと
・目覚ましをかけ，自分で起きる。
・夜10時を目標に寝る。〔トモ〕
・同じ時刻に家を出発する。
・授業と授業のすき間時間で自学をやる。
・朝はコタツに入らない。
・ゲームは終了時刻を決める。

◆応援団がやっていくこと
・今日の会議を家族に報告をする。〔母〕
・家族全員10時に寝るモードになる。〔母〕
・好物の卵焼きを朝ごはんで作る。〔母〕
・生活記録ノートで努力を見つける。〔担任〕
・すき間時間勉強法を学級で行う。〔担任〕
・かばん片づけキャンペーンをする。〔担任〕
・かばんを片づけた日にハナマル。〔担任〕
・廊下であったとき，こっそり熱烈エールを贈る。〔養教〕
・保健室来室時はゆっくり休ませる。〔養教〕
・お母さんと朝食レシピを交換。〔養教〕
・信じて見守っていく。〔母〕
・できていることや素敵なところをもっと探す。〔担任・養教〕
・それを次の会議で発表する。〔担任〕

次回 ○月○日（金）17：00～　会議室

◆本人・保護者参加の支援会議の様子

　トモさんは「緊張している」と言いながら，母親と共に会議室に入ってきました。まず担任が，トモさんの学校での様子を説明しました。クラスのムードメーカーであることや，友達を助けたときのこと，担任の忘れ物を届けてくれた親切な面など，エピソードを交えながら，多くのよいところを語りました。母親も同じ調子で，トモさんの家庭での様子を自慢するように語りました。

　トモさんの緊張がほどけたころ，担任や養護教諭が心配している「だるそうな朝の状況」を話題にして，その様子について自分としてはどう思っているのか，本人の気持ちを聴く場面に入りました。トモさんも朝は体に力が入らないことを自覚しており，改めて伝えられると「何とか改善したい」と，納得した様子です。目標（今日のゴール）は，「トモさんがさわやかな気分で朝の会に参加するための工夫を見つける」としました。

　「どんな厳しい状況や絶望的だと感じるようななかにも，必ずよさや強みはある」──解決志向の研修会で教えていただいたこのことを胸に，解決策を考えました。トモさんがだるそうにしているのは，毎朝というわけでありません。朝からみんなと一緒に元気に活動している日もあるのです。そんな日，自宅ではどんな朝を過ごして登校しているのか……「例外探し」を活用し，成功の秘訣がかくれているかもしれない例外の日の生活にスポットを当てることにしました。

　そこで，「さわやかでいられる日の生活の様子は？」とトモさんに質問し，その日の朝や前日の家庭での生活の様子について詳しく聞きました。本人のよさに焦点を当てたので，本人も母親も意識していなかったよさを自覚する機会となり，会議の雰囲気が柔らかくなりました。

　例外は「成功」ととらえることができます。成功した日はどんなことがあったのか質問すること（成功の責任追及）で分析し，トモさんの何気なく行っているささやかな努力への気づきを促すことができました。このと

きのポイントは,「(本人のことを)知りたい! もっと教えて!」と,ワクワクした気持ちで進めることです。

　すると,さわやかな朝の前日は就寝時刻が早いことや,朝から積極的に活動していることがわかり,具体的な改善策のヒントになりました。

　次に,トモさんがさわやかに朝の会に参加するための支援策をブレーンストーミングで提案し合いました。その様子を,トモさんは照れたり,驚いたりしながらも嬉しそうに見ていました。トモさんは自分がやっていきたいことを宣言するように提案し,その中から,「夜10時を目標に寝る」を選択し,満足気な表情を浮かべました。行動を一つ変えることで生活の流れに変化が起こり,さまざまな解決が期待できそうな予感がしました。

　母親も「家族全員10時に寝るモードになる」と「今日の会議を家族に報告する」を選び,ホワイトボードを写真に撮り,「家族みんなで協力していきたい」と笑顔を見せました。同じように,担任や養護教諭も支援策を選択しました。

◆振り返り──最大の解決の鍵は,子ども本人の自己決定

　会議の主役は当事者である子ども本人です。可能な場合は,ぜひ本人に参加してもらうことをおすすめします。会議に参加して本人が感じることは,成長の支えになります。さらに,子どもは自分で決めることが好きです。自己決定したことには本人の意志が込められ,実行するためのやる気が引き出されるようです。主役である子どもの意志を尊重しましょう。

　また,支援策を出し合う際は,「批判厳禁,自由奔放,質より量,便乗歓迎」をルールに,大人が必死になって考えます。ユーモアのあるアイデアも出され,笑いも起こります。大人が自分のために一生懸命になっている姿を見せることが,子どもを勇気づけます。そして「次回の開催日程」を決め,会議以降の努力と成長を見守ります。次回の会議でそれをフィードバックすることが,本人の成長につながっていくと思います。

人間関係のトラブル相談（中2女子・保健室）

概要　ユキさん（仮名，中2）は，頭痛を訴えて保健室に来室したものの，質問に上の空で沈んだ表情。「ほかにも心配なことがあるの？」と聞くと「もう教室に行けない。怖い」と泣き出してしまった。友達のサキさんが最近冷たく感じ，今日はあいさつすら返してもらえず，自分は孤立してしまったと感じたという。そこで，解決志向のチーム会議の手法を使って，生徒の相談に応じた。

出席者（2名）　事例報告者：ユキさん。ファシリテーター：養護教諭。

目標（今日のゴール）

「サキさんと仲直りする方法を見つける」

ゴールメンテナンス ➡ 「サキさんの気持ちを聴いて，自分の気持ちを伝えるためにできること」

◆現在の状況

・仲よしだったサキさんが急に冷たくなった。今日はあいさつすら返してくれない。ほかに友達がいないのでクラスで孤立している。

◆この状況になる前にあった出来事

・修学旅行の活動班を決めた。自分はサキさんとはいつも仲よくしているので，今回のグルーピングでは別のグループでもいいかな？と考えて，部活動で一緒の仲間の班に入った。

・サキさんもほかの友達と楽しそうにしているので大丈夫だと思った。でも，そのあたりから，話しかけてもそっけない感じになった。

〇質問「これまで修学旅行の班のことでサキさんと話したことは？」（ずっと前のことでも，些細なことでもOK）

・同じクラスになって，一緒にいるようになって，嬉しくて，「修学旅行で一緒の班になりたいね」って言っていた。その後も同じことを話したと思う。

・部活の友達に，「同じ班になろう」と誘われたことを相談していなかった。

・班を決める前に，班についてサキさんとは会話していない。でもサキさんも楽しそうにしていたから，何とも思ってないと思っていた。

〇質問「サキさんはほんとうに何とも思っていないのかな？」

・もしかしたら，サキさんは私と同じ班になると思っていたから，ショックだったのかもしれない。

・私が違う人とグループをつくったのは，サキさんにとって予想外のことだったかもしれない。

・4月に約束したから。

・いつも一緒にいるから，わかってくれると思っていた。

・聞いてみないとわからない。

子ども本人（ユキさん）の気づき

　信頼していたサキさんが急に冷たくなり，裏切られたと思いました。サキさんに会うことも教室に行くことも怖くて，何をしたらいいのかわかりませんでした。でも，ホワイトボードを見ていたら，もしかしてサキさんも苦しかったのかも？　と考えることができました。思い切って謝り，理由を話したら，サキさんにわかってもらえて，以前のようにサキさんと話せるようになりました。勇気を出して話してよかったです。

終了時刻 10：35

◆これからやっていきたいこと

・サキさんとはもうかかわらない。
・今回のことは気にしないことにする。
・当分の間，教室には行かない。
・サキさんに謝る（約束を守らなかったこと）そして，自分の気持ちを伝える。〔ユキ〕
・サキさんの気持ちを聞く。
・先生からサキさんの気持ちを聞いてもらう。
・ユキさんが自分で自分の気持ちを伝える。
・先生も参加して，3人で話し合う。
・担任の先生からサキさんに言ってもらう。
・担任の先生に見守っていてもらえるように養護教諭からそっとお願いしておく。〔養教〕
・サキさんと話した後に保健室で話す。〔養教〕
・うまくいかなかったら，次の作戦を考える。〔養教〕

次回 ○月○日（水）16：00〜　保健室

ここがポイント

　面談では，生徒が自分の課題と向き合うことを第一の目標に対応しました。
　解決のためにできることを考える過程で生徒は，「自分で解決しなければ」という自覚を高めていきました。その結果，「友達に謝る」ことを自己選択することができました。
　養護教諭の支援策も，生徒本人の希望を取り入れて選択しました。

◆人間関係のトラブル相談（面談）の様子

　ユキさんは，サキさんとのことを話すことで，相手に迷惑をかけたり，自分が不利になったりするのが嫌だと言います。私（養護教諭）は力になりたいと伝え，待ちました。それもユキさんの問題だからです。すると，「やっぱり聴いてください」と，話し始めました。「どんなことがわかればユキさんの役に立てる？」と，目標（今日のゴール）を聞くと，ユキさんは，「サキさんと仲直りする方法を見つける」と決めました。

　まず，現状を聞きました。2週間前の修学旅行のグループ編成で，行動班を自由に組む際，ユキさんは仲よしのサキさんではなく，部活の友達を誘ったと言います。サキさんも同じ部活動の友達のところに行っていたので，問題はないと安心したと言います。

　しかし，翌日からサキさんの態度がよそよそしく感じ，「どうしたの？」と聞いても「別に」と答えるだけだったと言います。ユキさんはグループ編成の日，「サキさんのことは気にならなかったので，何も話していない」とのことでしたが，私はサキさんの気持ちがとても気になりました。そこで，「これまでに，修学旅行の班のことでサキさんと何か話したことはなかった？」と質問したところ，「春先に，修学旅行では同じグループになろうね」と話したことがあるけれど，グループ編成前，この件についてサキさんと話していないとのことでした。サキさんは，春に交わしたユキさんとの約束が実現すると思っていたのかもしれません。サキさんの気持ちを確認してみる必要がありそうです。

　そこで，「サキさんは，ほんとうに何とも思っていないのかな？」と質問すると，「サキさんは，私と同じ班になると思っていたのかもしれない」とサキさんの気持ちを思いやるにいたりました。ここでゴールを「サキさんの気持ちを聴いて，自分の気持ちを伝えるためにできること」と改めました。いままで被害者意識でいたユキさんが，平等な立場で出来事をとらえることの大切さに気づき，意識が大きく変化した瞬間でした。

　解決のためにできることは，ユキさん自身がすることと，私が手伝えることの提案とに分けて考えました。その過程で，ユキさんは，「自分で解決していかなければならない」という自覚を高め，迷った末に「謝って，自分の気持ちを伝える」を選択しました。私の支援策も，ユキさんの希望を取り入れて選択できました。

◆振り返り──コミュニケーションスキルを学ぶ経験につなげる

　保健室には今回のような人間関係の課題がよく持ち込まれます。子どもたちは，理由がわからないと混乱し，「もうダメだ」「行きたくない」「怖い」という短絡的な言葉で絶望を表現する傾向にあると感じます。ユキさんも急に冷たくなったサキさんの気持ちを思いはかることをせずに，「冷たくされた」という気持ちでいっぱいになっていました。

　しかし，今回のようにコミュニケーションスキルを学ぶ経験につなげられれば，自己解決力を育成するチャンスにもなります。私は対応の中で以下の4点を大切にしました。

　一つは，生徒自身の問題であるため，自分の課題と向き合うことを目標に対応することです。最初，「話したくない」と言ったユキさんが自分から話す気持ちになるまで待ったのもそのためです。二つ目は事実を時系列に詳しく聞き，忠実に記入して整理することで，サキさんの存在を意識させ，サキさんの気持ちも考えられるようにしたことです。三つ目は，解決のための行動を自己決定させるとともに，評価日を決めてフォローすることです。うまく行動できなかったときや，思い描くような成果が出なかったときにも，継続した支援につなげられます。四つ目は，チーム援助へ移行する判断を見きわめることです。大人の見守りや支援が必要と判断したら，生徒の了解を得て，適切な人員とチームを編成します。チームのつながりが，困難を乗り越えるときに必要な「安心」を育むセーフティネットになると思っています。

同僚との関係を考える（事例検討会）

概要　児童生徒の課題を扱う学校外での月１回の事例検討会でのこと。いつもは明るい田中先生（仮名）が沈み込んでおり，話を聞くと，職場の上司に自分のやってみたいことを提案しても認めてもらえず，悔しい思いをしているという。この日は時間もあったため，参加者に相談することを勧め，守秘義務は守ることを伝えた。田中先生が事例報告者となり，急遽，会議を行った。

出席者（7名）　事例報告者：小学校の生徒指導主任（田中先生）。ファシリテーター：スクールカウンセラー。参加者：小学校教員，養護教諭，教育相談員，スクールソーシャルワーカー，保育士

目標（今日のゴール）

「Ｙ先生の言動に反応せずに，うまく提案するにはどうするか」

◆ 事例報告（現状）

・事例報告者の田中先生は新任校で生徒指導主任。前任校でもしたように解決志向のチーム会議や構成的グループエンカウンター（SGE）をすすめたい。提案するといつも教務主任のＹ先生に反対されてきた。
・「30分で解決のための話し合いなどできるはずがない」「SGEを実施する時間などとれない」と言われてきた。
・前任校では，解決志向のチーム会議を紹介し，浸透していた。
・管理職がよさを認めてくれた。
・SGEでクラスづくりがすすんだ。
・各クラスに出向き，成果を感じてきた。

◆ 質問（リソース探し）

Ｑ　少しでも提案がうまくいったときはどんなとき？
・突然の提案ではないときや一緒にしてくれる人がいるとき。
・提案に賛成してくれるほかの人と一緒に提案したとき。
Ｑ　前任校での成功は？
・解決志向のチーム会議やSGEのよさを感じ，推進してくれる仲間がいた。
・上司が賛成してくれた。
Ｑ　反対されても推進したい理由は？
・時間のない中でも成果を出すことができ，学級づくりに必要だから。
Ｑ　Ｙ先生のよさと感じることは？
・計画が緻密。
・先生方の忙しさを理解してくれる。
・よさがわかると応援してくれる。
・子どもたちを大事にしている。

事例報告者（田中先生）の気づき

　すっきりしました。職場では，こんなことはなかなかお話しできません。でも，思い切ってお話してよかったです。特に，守秘義務を守っていただけることに，安心感がありました。それに，いろいろ言ってくるＹ先生の言動に原因があると思っていたのですが，「ひとことひとことに感情的になっていたことは自分の課題だ」と気づいて，目からウロコが落ちた気分でした。

終了時刻 18：30

◆ブレーンストーミング（解決策）

・気にしない。

・Ｙ先生の目的が主導権争いだということを思い出し，冷静になる。

・通勤の自動車の中で大声を出して歌い，発散する。

・Ｙ先生を勇気づける。

・別な人との関係を良好にしていく。

・「気にかけていただきありがとう」と伝える。

・解決志向のチーム会議とSGEをすすめるための仲間を増やす。

・この会でまたグチる。

ここがポイント

　会議で個人的な話題を提供する場合は「守秘義務」というルールの徹底と，参加者が事例報告者の困り感に寄り添い，あたたかい雰囲気の中で会議を進行することが肝心になります。
　これによって，事例報告者の気持ちを楽にし，気づきを促すことができるのです。

次回 ○月○日（木）18:00 ～　○○室

◆同僚との関係について考えるチーム会議の様子

　初めに事例報告者の田中先生の困り感を5分間で話してもらいました。目標（今日のゴール）は，質問が終わって田中先生が抱えている困り感がもう少しはっきりしてきてから設定する形をとりました。

　田中先生は現在の小学校に転任してから，生徒指導主任として張り切って仕事を始めたといいます。教育カウンセリングを学んでいる田中先生には，前任校でも生徒指導主任として，解決志向のチーム会議で事例の検討会を開き，成果を上げてきたという自信がみられました。また，各学年に構成的グループエンカウンター（SGE）を紹介し，各学級に出向いてSGEを積極的に紹介し，予防的・開発的な生徒指導の推進役として活動をしてきたという自負もありました。

　しかし，現在の学校ではホワイトボードを活用した相談活動も，SGEを広めることも，ことごとく上司のY先生に反対され，実行することがむずかしい状況だといいます。

　質問タイムでは，少しでも提案がうまくいったときの「成功の責任追及」や，上司のY先生のよさなど，リソース探しから始まりました。一方で田中先生がすすめたいと願っている解決志向のチーム会議やSGEの提案を前任校ではどのようにすすめたか，なぜそれが必要だと思ったのか，といった質問もみられました。それらの質問に答えていくなかで，少しずつ冷静になって考える田中先生の姿がみられました。ブレーンストーミングの前に，「Y先生の言動に反応せずに，うまく提案するにはどうするか」という，目標（今日のゴール）を設定しました。田中先生は，「質問でリソース探しを行ううちに，提案を受け入れてもらえないことに対して感情的になっていた自分に気づいた」と話しました。

　解決策を出し合うブレーンストーミングでは，「通勤の自動車の中で大声を出して歌い，発散する」「この会でまたグチる」など自由奔放な内容も出てきましたが，その中から田中先生は「解決志向のチーム会議とSGE

をすすめるための仲間を増やす」「Y先生の目的が主導権争いだということを思い出して冷静になる」を選びました。

◆振り返り──参加者のあたたかさが冷静さを取り戻すきっかけに

　解決志向のチーム会議で扱うものは，参加者がかかわっている児童生徒や保護者についての事例が多いものです。一方で，個人的な話題を提供することに抵抗を感じる方が多いと思います。それは，自分の問題があらわになることへのためらいでしょう。

　そのためにも，参加者には「守秘義務」というルールを徹底してもらう必要があります。同時に，事例報告者の困り感に寄り添い，少しでも役に立つ話し合いをしようとするあたたかさが大事になってきます。今回の会議では，メンバーのあたたかさが感じられ，田中先生も安心感を得られたようでした。

　田中先生の報告からは，上司に認めてもらえないもどかしさや，すすめたい計画が思いどおりにいかないいらだちが伝わってきました。事例報告を5分間で切り上げると，解決志向にそったあたたかい質問が出て，田中先生に少しずつ冷静に状況を見つめ直す様子がみられるようになりました。

　質問の後に目標（今日のゴール）の設定を行ったのは，田中先生が話し合いを始めるとき，感情が先行している様子だったので，「まずはその思いを言葉にしてから」と思ったためです。ブレーンストーミングのルールの「自由奔放」「質より量」は場を和ませます。そのうえ，笑いの中では，必ずと言っていいほど，事例報告者の問題にマッチした解決策が出てくるから不思議です。今回も未来志向のポジティブな解決のための方法がたくさん出てきました。振り返りのときには，「気が楽になりました。あせらず，じっくり仲間を増やしながらすすんでいきます。Y先生の言動に気にしすぎる自分に気づいただけでもいい時間になりました」という田中先生の言葉に，一同笑みがこぼれました。

Q-Uの結果を学級経営に生かしたい

◆Q-Uの結果を生かすためにチーム会議を活用

　ある小学校の教育相談担当は，学習支援員から学級の困った現状を聞いており，学級担任を支える手だてはないかと考えていました。そんな折，特別支援教育担任から「Q-U」（楽しい学校生活を送るためのアンケート：河村茂雄／図書文化社）の話を聞き，研修会に出向くなど情報を集めるなかで，学級担任の手助けになると確認しました。また，自校に派遣されているスクールカウンセラーがQ-Uに詳しいことがわかり，導入を後押しする存在になりました。管理職に話をし，職員会議でも話題にして，本年度より全校児童に対してQ-Uを実施することになりました。

　しかし，教職員にはQ-Uについての知識がなく，校内研修会開催の予定もない状態でした。「担任一人ずつでも，終わりの会後の少ない時間を使って，Q-Uを児童のために生かす手だてを一緒に考えることはできないだろうか」と，教育相談担当の中で模索が続いていました。

　そんなときに，４年生の担任から，「学級経営についてアドバイスがほしい」という要望があり，急遽，終わりの会後の30分を使い，解決志向のチーム会議のやり方を応用して，学級経営コンサルテーションを行うことになりました。事例報告者は担任，ファシリテーターはスクールカウンセラー，教育相談担当をメンバーに加えて３名で行いました。会議の流れは以下の５ステップです。

① 事前準備（Q-Uの結果検証）

　スクールカウンセラーが当該学級のQ-Uの結果を見て，ネガティブチェック・ポジティブチェックを行いました。その情報をもとに，会議の最初に，Q-Uプロット図の見方や学級のリソースと困り感，特に困っている児童の困り感やリソースの見方について，担任に説明しました。

　Q-Uの結果（４年Ａ組）：満足群50％，非承認群23％，侵害行為認知群23％，学級不満足群４％。各群のプロットは学級満足群に近寄っている。学校生活意欲尺度は，全国平均に比べて学習意欲が落ちている。

② 「Keep, Problem, Try」（KPT）の記入とゴール（目標）設定

　ここで，Q-Uの結果を参考にしながら，A4の用紙に，「Keep, Problem, Try」（堀公俊『ビジネスフレームワーク』日本経済新聞出版社）で考えて記入してもらいました。

　このKPTの枠組みを活用すると，担任が自分でQ-Uの結果と，子どもの行動観察の結果を考慮しながら整理することができ，学級への介入方法を考えることに有効であると考えられます。

　下図は解決志向のチーム会議に，KPTの枠組みを取り入れた例です。

目標：（例）あいさつをさわやかにできる仲間づくりのためにできる次の一手について

Keep 　４月からこれまでの観察（教師）してきたことや，ポジティブチェック（児童）を参考にしながら，これからも続いてほしいことを箇条書きで記入する。 例：だれとでも協力できる，給食中に楽しそうに食べる　など （うまくいったら繰り返してみる）	Try 　これから取り組んでみたいことを具体的に記入する。 （例） ・教室の入り口で児童にあいさつをする。 ・学級で話し合い，毎日違う人（人数を決める）とあいさつをして，最終的に学級全員とあいさつができるようにする。毎日確認。 ・児童の体調や顔を見て，あいさつの調子を変える。 ・いろいろな国の言葉であいさつをする。 ・あいさつと同時に，アクションをする。
Problem 　４月からこれまでの観察（教師）してきたことや，ネガティブチェック（児童）を参考にしながら，困り感を感じていることを箇条書きで記入する。 例：授業の準備が遅い，声が小さい　など （うまくいかなかったら違うことをする）	やってみたいものを赤で囲む ブレーンストーミング四つのルール ・批判厳禁　　・自由奔放 ・質より量　　・便乗歓迎

Keep（続いてほしいこと）では，「給食の準備が早い」「日直の仕事がしっかりできる」などが出ました。また，Problem（困っていること・課題）では，「特定のＡ男（侵害行為認知群）が浮いている」「女子がＡ男を避けている」などが出ました。担任は「Ａ男への対応を考えたい」とはじめに目標（今日のゴール）を設定しました。

③　ゴールメンテナンス

　Q-Uの結果から，Ａ男のネガティブチェックは，友達関係のやりづらさや，学級の話し合いで自分の意見を言えない様子がみられ，学級では授業中に発言することが好きではないこと，ソーシャルスキルでは自分の考えや感情の表現が苦手であると読みとれました。学級全体のポジティブチェックは，係の仕事はまじめに取り組み，みんなで協力する力があることから，学級全員で安心な仲間づくりの力をつけることが必要ということになり，目標を「児童の笑顔が増える学級」に設定し直しました。

④　ブレーンストーミング

　次に，ブレーンストーミングを活用して，TRY（やってみたいこと＝解決策）を出し合いました。「児童の笑顔が増える学級」の目標達成のために，「短時間で仲よく楽しくできるもの」を考えることにしました。勝ち負けじゃんけん，あいこじゃんけん，はぐれじゃんけん，ご当地じゃんけん，聖徳太子ゲーム，シークレットサービス（福の神），質問じゃんけんなど，出された提案をメンバー３人でその場で行ってみました。初めて体験することが多く，楽しみながら，ブレーンストーミングをすすめました。

⑤　自己決定

　最後に担任が学級で行うこととして選んだエクササイズは，「シークレットサービス」（山形教育カウンセラー協会で学んだものを筆者が改変）です。これは，朝の会で日直が，全員の名前を書いたカードの中から無作為に１人を選び，その人に知られないように親切を行い，終わりの会で，自分が親切にされたと思う人が意思表示をするというものです。

◆振り返り──特定の子から学級全体の取り組みへシフトチェンジ

　その後この学級では，毎日「シークレットサービス」を実施しているそうです。スクールカウンセラーが終わりの会を見に行ったときのこと。日直が「今日のサービスを受けた人はだれでしょう」と言うと，3名の児童の手が上がり，「B子さんでした」という答えに，B子さんは「だって，わかったもん。親切にされたのが」と得意げにニコニコし，担任もその様子を嬉しそうに見守っていたといいます。会議の中で担任は当初，課題のある男子1人に焦点を当てる目標を設定しましたが，学級全体の取り組みにして，仲間づくりをするという考え方にシフトできたことが，子どもたちみんなの笑顔につながったものと考えられます。

　教育相談担当は，「担任の気づきがQ-Uから得られ，KPTですぐに学級で実践ができるものが考えられたので，次回は新採の男性教員のクラスをお願いしたい」とスクールカウンセラーに要望しました。下の囲みは，その後，校内研修会を行ったときの資料です。説明書は全教職員に配布し，学年ごとに大判用紙を机の上に広げて，①Keep，②Problem，③目標の三つは担任が，④Tryは学年ごとに付箋に書いて貼ってもらいました。

学級のQ-Uの結果をみて，
KPTでこれからの取り組みを考えよう

1　診断結果をよく読もう
2　KPTのシートに記入しよう
　①Keepしたいことは何だろう（5分）
　　（ポジティブチェックを参考に，具体的にやっていることなど）
　②Problemは何だろう（5分）
　　（ネガティブチェックを参考に，具体的に困っていることは何だろうなど）
　③目標：どんなクラス・生徒になってほしいか
　④Try：やってみたいことは何だろう
　　ブレーンストーミングでアイデアを出し合おう（15分）
　　（ポジティブチェックは「できる力」を活用しよう）
3　3学期から取り組みを担任が選ぼう（選んだものにマルを付ける）
4　お試しはいつまで？
5　振り返り（5分）：事例報告者に励ましのエール

「15分ミーティング」で日々起こる困難へ対応

◆多忙な校務の合間に相談の場づくりを

　早急な対応が必要なケースにかかわっているとき，1カ月に1回の話し合いではたりないと感じることは多いと思います。学級や子どもの様子は刻々と変化します。方向性を確認し合っても，数日後には対応を変える必要性が生じることもあります。新たな発見に次の一手をすぐに試したい場合もあります。さらに，日々の些細な出来事への対応について，だれかと少しでも話せる機会があったら，どれほど心強いでしょうか。

　そこで，多忙な校務の合間にできる方法として，解決志向のチーム会議の「15分ミーティング」バージョンに取り組みました。毎週同じ曜日の同じ時間帯に，校長室にホワイトボードを持ち込み，各ケースにかかわる人たちが入れかわりながら，1ケース15分間（最小1ケース，最大3ケース）の話し合いを実施しました。

◆「15分ミーティング」の進め方

　まず担任が最近の子どもの様子を報告し，参加者が情報をつけたします。このとき，子どものできていたこと，よかったことに特に注目し（ホワイトボードに花マル），次回ミーティングまでの行事予定等を確認し，必要な手だてとだれが行うかを確認します。以上で15分間です。

　基本的には一度，教育相談委員会等で話し合ったケースを扱います。目標や背景はそのときに共有されているので，15分ミーティングでは話し合いませんが，目標に食い違いが生じたり，定まっていないと感じたりしたときは，目標の再確認も行います。このように，終了時間を意識しながら，必要に応じて毎回の時間配分や進め方を変えます。参加できなかった人には，ホワイトボードの記録を見て，動きを確認してもらいます。

◆振り返り──「15分ミーティング」が教職員のチームワーク強化に

　15分ミーティングを始めてから，職員室ではグチが少なくなり，「こんな手だてはどうだろう」という話題が先生方からよく出るようになりました。「自分に何ができるか」という提案も多くなりました。

　また，対応の困難なケースでは，以前からその子にかかわっている先生にもミーティングに入ってもらうようにしました。目や耳にはしていても，いざ自分が担任や学年主任としてかかわると，こんな状況だったのかと唖然としてしまうことはよくあります。それでも，これまでとの違いを繰り返し聞くことで，本人の実態（その子の中での変化）が伝わってきて，いまめざすところがみえてくるようでした。また，一緒に問題解決を考え，日々の些細な「できた」を一緒に喜んでくれる仲間の存在に，対応の手ごたえと自信を感じることができるようでした。

　子どもの些細なトラブルにも顔が険しくなっていたある担任が，このミーティングを始めて1カ月半後には，子どものトラブルについて，笑いながら何でもないことのように話すようになった姿が印象的でした。週1回の会議が，担任と子どもたちの関係を支えるための教職員のチームワークを，さらに高めることにつながったと思います。

ホワイトボード記入例

```
3年A組                                          7月12日
●前回からの状況                    ●これからの予定
火曜：A君，B君とトラブル。平手でな    ・今週末授業参観（落ち着かない様子）
　　　ぐる◎グーパンチではなかった    ・木4の音楽：教室移動あり
木曜：教室飛び出し。給食から戻った    ●ブレーンストーミング（解決策）
・授業中の立ち歩き，私語は変わらない  ・朝：駐車場で出迎える（教育相談）
・ノートを出しているのを見かけた◎    ・帰り：迎えに来た母を労い，できたこ
　➡1日に1回は道具を出すと約束◎          とを伝える（担任か主任）
・算数の課題に集中して取り組んでいた◎ ・木4：あいている先生に見に行っても
・荷物を運ぶのを手伝ってくれた◎          らう（教育相談）
```

応用事例1　保護者との面談──自分を見つめ子どもを認めるために

◆相談者の考えを整理する面談を

　保護者と面談するときには，あいさつと来室を決心したことへねぎらい（コンプリメント）をし，その後，「今日はどんなお話ができたらいいと思っていますか？　どんなお話ができたらこの時間が役に立ちそうですか？」と質問します。困り感や相談のテーマがみえてくるからです。

　ところが，質問とは無関係に，子育てのあせりや周囲への怒り，わが子への不満などを次々と語り始める人がいます。「一生懸命やってきたのに思うようにならない」と嘆く人，「がんばっているのにだれも認めてくれない」と不満を止められない人。行き詰っていると，話は堂々巡りになり，気持ちが高ぶって話題があちこちに飛んでしまいがちです。

　相談者の困り感やその表現方法はそれぞれですが，自分の考えがまとまらなければ，「解決したいこと」にさえたどり着けません。そこで大切になるのは，行き詰っている相談者の考えを整理することです。このとき私は，１対１の面談であっても，壁掛け式かスタンド式（120×90cm以上）の大きなホワイトボードを使って面談をしています。

◆ホワイトボードでの視覚化が相談者の気づきにつながる

　私がカイさん（仮名，小３男子）の母親と面談をすることになったのは，「どうせぼくなんか」「ぼくは悪い子だから」とよく口にするカイさんのことを学級担任から相談されたことがきっかけでした。厳しくしつけようとする母親の子育て方針を心配して，担任は母親と面談を重ねてきましたが，「私が子育てにどれだけ苦労してきたか。それなのにカイはどれほどできない子か」を繰り返し話すばかりだったそうです。担任は行き詰まりを感じ，スクールカウンセラーである私との面談を母親に勧めたのです。

　最初の面談が始まると，初対面にもかかわらず，あいさつもそこそこに母親はカイさんのできないことを次々と並べ出しました。ただ，これまで行ってきた担任との面談と違っていたのは，母親も私もホワイトボードに向き合っていたことです。私は，話が混乱気味でも否定的な内容が続いても相槌をうち，時には母親をねぎらいながら現状を聴き，ホワイトボードに書いていきました。語尾まで忠実に書いたため，途中で，話す速さに書くスピードが追いつかなくなりました。書き終えるまで待ってもらうことが増えると，「カイが人から注意されるとイラっとします。他人にいろいろ言われたくないんです」と母親が胸の内を語り始めたのです。

　母親の思いをさらに引き出すために，質問を重ねました。話を書きとめてから，「イラっとする？　もう少し詳しく教えてください」と言うと，「カイがほかの人に注意されたときは，自分がダメな親だと言われたように感じるから，カイを怒ってでも人に注意されないようにしているのです」と話しました。母親が質問に答えるまで黙って待つことを何度か繰り返したとき，母親は「私が恥ずかしいと思っているんですね」とつぶやきました。新たな気づきでした。この後は，「ほかの子と比べてしまう」など，自分についての話が中心になりました。このように，ホワイトボードを前にした相談では，待つ合間が文字化された自分の考えを客観視する時間になり，考えを整理し深めるのに役立つことがわかります。

　状況の確認が一段落し，次は解決策を考える時間です。「お母さんはどうしたいのでしょう？」と聞いてみました。この質問は，次のスケーリングにつなげ，目標設定にも生かしたいと考えてのものでした。母親は，「何にでも前向きに取り組める子になってほしい」と語り，私はこれをホワイトボードの中央上部に書き，目標（今日のゴール）にしました。

　いまのカイさんはゴールの姿に対してどれくらいできているかを10点満点でスケーリングしてもらうと，母親は「４点」と言いました。「何ができているから４点ですか？」と続けて質問しました。話し始めると母親

にはカイさんの「できているエピソード」が次々と浮かんだようでした。「やろうとする気持ち」があることや，多くの人にかかわろうとする積極性があることなど，カイさんのよさがいくつも出てきました。

　ホワイトボードに並んだカイさんのプラス面をさしながら母親は，「うまくいかなくても，やろうとしているのですよね」と言いました。「どういうことか，もう少し教えてください」と続きを促すと，「なんでできないの？　と言われ続けたら，カイはくじけますよね。私は，カイのできないことだけをみて，怒るだけだったのです」と話しました。私は，母親はカイさんを認める言葉をかけようと，心に決めているように感じました。最後に，カイさんを認めるための作戦の立て方をアドバイスすると，「やってみます」と笑顔になり，面談は終了しました。

◆振り返り──自分の言葉の整理によって，自ら解決策を見つけ出せる

　面談終了後も，母親はしばらくホワイトボードを見つめていました。そして「これ，写してもいいですか。家で主人とも話します」とスマホを取り出しました。母親は，話し合いの軌跡であり，思考整理過程の記録でもあるホワイトボードの効用を実感したのだと思います。この後も母親の希望で，計5回の面談がもたれました。母親がカイさんのためにできることを意識してかかわろうとしていることは周りの人にも伝わり，担任も母親を応援する気持ちで見守ることができたと聞きました。

　1対1で行う解決志向のチーム会議で文字化されるのは，ほとんどが相談者の言葉です。相談者は，多くの時間をホワイトボードに書かれた自分の言葉を復唱することに使います。これは，自身の考えを整理し，気づきを得るための大事な時間です。これが，1対1で行う本チーム会議の鍵といえるでしょう。また，解決志向で進めるので，相談者自身ができることを探っていきます。納得がいく解決策を見つけ出せることが，本会議の方法が保護者に受け入れられる理由なのだと思います。

Column 5

周りの人を上手に巻き込むために

小関悦子

　「このチーム会議を学校に導入したいのですが，どこから始めたらいいですか？」というご質問には，「一人でもいいので仲間をつくってください」とお答えします。仲間がいれば，できるところから取り入れていくことができます。現場レベルのチーム会議や，保護者・児童生徒との面談に取り入れてみてはいかがでしょうか。管理職に報告をするときは，ホワイトボードの内容を印刷し，それを見てもらいながら報告します。ほかの先生方には回覧をし，視覚化や解決志向のよさに気づいてもらいましょう。会議や面談の結果が出てきて仲間が増えてきたら，「お部屋をお借りしていいですか？」と校長室にホワイトボードを持ち込み，会議を始めてみてはいかがでしょう。きっと，校長先生も一緒になって考えてくださるはずです。

　ところで，みなさんは自分がいいと思ったものを人に売り込むとき，どうしていますか？　一生懸命語っていませんか？　人間関係のポイントは「聴く」です。よいものを売り込むときも，仲間をつくろうとするときも，「聴く」を大事にしたほうがうまくいくのです。

　まずは概略を話し，感想や意見を求め，3倍聴くようにします。そこから，相手の考えに同意できるところを伝え，疑問点に答えながら，さらに説明を加えます。そして，また3倍「聴く」を繰り返します。1回の話し合いで理解してもらえるとは思わずに，回数を重ねましょう。先生方はご自身の信念をもって教育を実践されています。自身の信念を実現させる手だてだと感じてもらえることができれば，一緒に取り組んでいくことができるでしょう。

　私がスクールカウンセラーをしている学校では，ホワイトボードを使ったケース会議を繰り返し行いました。その過程で，外部機関を動かし，関係機関が集まってケース会議を行うところまでいきました。子どもたちの成長のために，たくさんの人を巻き込み巻き込まれて，子どもたちの笑顔が増えたらいいなと思います。

子どもとの面談──未来志向で行うために

◆「見える化」した未来志向の面接を

　子どもとの面談は，その子どもの特性に応じて行うことで，内面理解に近づきたいものです。子どもに合わせた柔軟な面談を行うためには，さまざまな技法を学び，引き出しを増やしておくことが大切だと思います。

　最近，小・中学生の面談をしていると，言葉のやりとりだけでは自分の気持ちをうまく表せない子どもによく出会います。例えば，自分の興味のあることは話し続けるのに，「どんな感じ？」など「開かれた質問」には答えられない子ども，下を向き，目を合わせられない子どももいます。そんなときによく使う引き出しが，解決志向のチーム会議を応用した面談です。聴きながら書く，書きながら話す，見える化した未来志向の面談は，視覚有意の子どもにはもちろん，気持ちを表すことが苦手な子どもにとっても有効です。

◆不登校支援の面談で，解決・未来志向の質問技法を活用

　本事例は，いじめをきっかけに不登校となり学習センターへ通う，少しこだわりの強いソウさん（仮名，中1男子）との面談例です。最初，ソウさんとあいさつや雑談を交わした感じから，大人びたソウさんの話し方に合わせ，「この時間，何が話し合われたらあなたのお役にたちますか？」と型どおり尋ねました。ソウさんは首を傾げながらしばらく考え，「将来のことでしょうかね」と答えました。そこでホワイトボードを見せ，「これに書きながら聴いていいですか？」と聞き，了承を得て，目標（今日のゴール）を「将来のことについて」と書き，すすめていきました。

　ソウさんのなりたいもの，やりたいことは，「システムエンジニア」「IT企業への入社」「自分でPCを組み立てる」などで，それを書きとめました。

　次に，スケーリングクエスチョンの技法を用いて，各々についてやれる自信の度合いを，ホワイトボードに線を引き，０から10までの数字で答えてもらいました。例えば，「PCを組み立てる自信（度）は６。その中身は？」と尋ねると「PCの作り方を調べている。がんばれば作れそう」とのことでした。ソウさんが切れ目なく話し始めたため，顔を見ながらの会話となり，メモはそこそこになりました。ここは，通常の解決志向のチーム会議とは異なる点です。その後，５年後の自分は何をしているかという，タイムマシンクエスチョンを，線を描きながら行いました。将来の話が膨らみ，ソウさんの表情が和らぎました。

　面談の後半，短期目標を決める段階になり，「そういえば，朝起きられないことが一番困ります」と唐突に話し出しました。そこで，朝起きの方法を，ミラクルクエスチョンで一緒に考えることにしました。「夜中，寝ている間に天使が魔法の薬をかけて，朝起きられないという問題が全部解決しています。ソウさんは眠っていてそのことを知りません。朝起きて，起きられないという問題が解決したことにどのように気づきますか？　だれが何と言っていますか？　ソウさんは何をしていますか？」と尋ねました。ソウさんは「家族が珍しいと言っている，自分から布団を片づけている，朝ごはんの味がわかる，散歩してる，実際１日あった」などと答え，それを書きとめました。「１日あったんだね。明日の朝，またそのことが起きたと想定して行動してみませんか？」と提案すると，乗り気になり，次回の面談で様子を聞かせてもらうことになりました。

　最後に，「これだけ将来の夢が描けているのだから，過去のことはここに置いて，これからは未来をみていく決心をするというやり方はどうですか？」と聞くと，「はい。それを母に言ってください。母は過去を引きずるから，『置いて』と言いたいです」という力強い返事がありました。ソウさんはすでに前を向いていたのかもしれません。そして，自分を心配しすぎる母親を少し疎ましく思いながらも，実は心配していることを話して

くれました。ソウさんのたくましさとやさしさを感じた瞬間でした。

◆未来志向の面接が，登校意欲を高める一助に

　最後にこの面談のお役立ち度のスケーリングをすると，10点満点でした。その理由は「一番苦手な朝起きを一緒に考えてもらえたから」と言いました。「将来のことについて」というテーマの解決は，ソウさんにとって一番身近な「苦手な朝起き」の課題解決に結びついたわけです。結果として，学年が変わってから，ソウさんは別室登校となりました。いじめに焦点を当てずに，未来志向で面談を進めたことがソウさんにマッチし，登校意欲を高める一助になったのではないかと思われます。

　当初，こだわりの強いソウさんには，未来を想像することはむずかしいかも，という懸念がありました。しかし，活用した未来志向のカウンセリング技法は，質問の仕方が具体的であり，答えやすかったようです。例えば，「5年後に何が見える？　だれが何を言っている？」などの聞き方です。加えて，シャイなソウさんにとって，ホワイトボードを一緒に見ながらの会話は，安心感につながり，自分の状況や思いが共有されていることが実感できたと思います。「未来志向」と「見える化」は会話を促進し，ソウさんの思いに近づくために効果的でした。

　いじめで不登校と聞くと，解決は困難と思われがちですが，いじめで不登校になれるのは，本人のもつ解決のリソースととらえることもできます。「それもあなたの力だね」とフィードバックしながら書くことで，ソウさんは勇気づけられ，自らの力で解決に向かっていったような気がします。当時のソウさんは，いじめについて聞かれることにはうんざりし，「いじめのことはもういい，先を見たいんだ！」と心の中で叫んでいたのかもしれません。

　　参考：丹治静子（2016）「スケーリング・ボードで波に乗る」月間学校教育相談7月号

第5章

スキルアップ編

解決志向チーム会議の
ファシリテーターに挑戦

本章では，読者がファシリテーターとしてホワイトボードの前に
立つときの心構えとポイントを紹介します。
最後に，ホワイトボードでできる解決志向のチーム会議の
進行にそったファシリテーター語録を掲載しました。
慣れないうちは，このページを見ながら，
進行してみましょう。
まずは始めることが肝心です。
レッツトライ！

ファシリテーターに挑戦しよう！

1　ファシリテーター成功へのカギ

　ここまでお読みいただいた読者の方には，ホワイトボードでできる解決志向のチーム会議を学校現場で行っていただくとともに，ぜひファシリテーターにチャレンジしてください。

　ファシリテーターについてむずかしく考えている方は多いかもしれませんが，学校で授業を受けもっている先生方なら，日常的に行っていることを少し変えて行えばいいのですから大丈夫です。第2章でご説明した「ファシリテーション」（⇒47ページ）で役目を押さえ，第3章の「会議の進め方A to Z」（⇒56ページ）で進行の仕方をつかみましょう。進行で悩みそうなポイントは，「こんなときはこうする！ Q&A」（⇒68ページ）を読んでシミュレーションしてから会議に挑みましょう。

　授業を受けもっていない場合には，「人前で進行したり，文字を書いたりするなんて緊張してしまう」という方もいるかもしれませんが，まずは，体験してみることが大切です。

　ここで，ファシリテーターを務めるためのコツをまとめてみましょう。

1　うまくやろうとしない

　ファシリテーターが話しすぎると，参加者は話さなくなります。流れを確認しながら，淡々と進行するほうがいいでしょう。ファシリテーター自身が肩の力を抜いて行うことが，参加者の緊張をゆるめます。

2　場をつくる

　会議の段取りを考えます。日程調整をし，目的を明らかにし，参加者を

集めます。

　会議の時間に余裕がある場合は，会議前にチェックインしながらアイスブレーキングを入れると場が和みます。それが，子どもたちが行うミニミニエクササイズとして，教室で使ってもらえるかもしれません。「最近のプチハッピー」など言葉を使うもののほか，「あいこじゃんけん」など，身体を使ったもので楽しさを共有するのもよいでしょう。

3　時間厳守

　いつ終わるかわからない会議は，参加者の不安感につながります。時間を守ることが重要です。開始時刻になったら始め，最初に伝えた終了時刻で終わらせるように努めましょう。最初のうちは，タイムキーパー役を立てて，要所要所で時間がきたら合図してもらうのも一つの方法です。

4　聴くことを大切に

　評価的なうなずきやほほえみは考えものです。淡々と聴くことで安心感が保たれることもあります。さまざまな意見を歓迎する態度をもちたいものです。事例報告者の苦労へのねぎらいや，参加者に対する共に考えてくれたことへの感謝は，場に応じて伝えましょう。

5　参加者の話に介入するコツ

　例えば，一人の話が長すぎるときには，「その話は終わってからゆっくり聴くということでいいですか？」「結論から言うと，どうなりますか？」。事例の目的からはずれたときには，「少し横道にそれているようなので，その話はここに（ホワイトボードの隅に）置いてもいいでしょうか？」と言って隅にメモするなどして介入します。

　第3章では進行にそってファシリテーターの介入のセリフ例を載せていますので，参照してください。

　ホワイトボードに書く文字は，上手に書こうとしないこと。読めればいいのです。発言者の言葉は要約せず，なるべくそのまま書きましょう。

　また，つながりを線で結んだり，話し言葉を吹き出しにしたりしてもいいでしょう。家族についてはジェノグラムで表すと一目でわかります。（本書の事例で用いたジェノグラムは，便宜上，父・母・本人などと書き入れていますが，実際は下記のように記号で表します）

人間関係を図式化するジェノグラム

記号と書き方

- 男性□，女性○
- 亡くなった男性■，女性● （あるいは×印を書き込む。⊠，⊗）
- 対象者は二重線◎　□／ペットは△
- 生活を共にしている家族は図形全体を囲む／離婚は斜め二重線

例1 　同居家族は，父，母，兄と本人（女），ペット

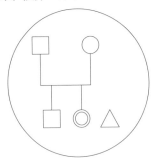

例2 　同居家族は，母，再婚相手の継父とその子ども（女）と本人（女）

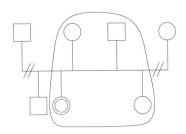

※詳しくは，団士郎『対人援助のための家族援助入門』（中央法規出版）を参照してください。

2 事例報告者への基本姿勢

　最も大事なのは，事例報告者へのねぎらい，いたわりです。事例報告者の元気が出て，今日からやってみようと思うようになることがねらいです。エンパワメントする会議です。つるし上げの会議ではないのです。

　ねぎらいの言葉をいくつかストックしておきましょう。「お忙しいなか，集まっていただきありがとうございます」「日ごろの対応をみていて，大変ななか一生懸命やられていることに頭が下がります」など。

　事例報告者に「5分で話してください」と言うと，初めはとまどいを感じるものです。子どもと日々かかわりの多い担任や，何年もかかわっている相談担当の先生方なら，「1時間でも2時間でも話せます」ということでしょう。でも，5分でお願いしましょう。何を話していいか悩んでいる方がいたら，次のような内容を話していただくようにしましょう。

事例報告者の報告内容例

- □ 事例報告者の立場（担任・支援員など）
- □ 年齢・学年・性別
- □ 外見的特徴
- □ 問題をひとことで表すと
- □ 最近の経過を簡単に
- □ 最近のエピソード
- □ 友達関係・家族構成
- □ 知能・学力
- □ 得意なこと・好きなこと
- □ 外部機関とのかかわり
- □ あれば，作文や絵，日記，各種検査結果，「Q-U」等のデータなど

　事例報告は，5分たったら参加者からの質問に切りかえます。質問の中ではさまざまな面から情報が得られるように，ときどき確認します。ファシリテーターが参加者に許可をとってから質問することもあります。

3 参加者への基本姿勢

　力のある人，声の大きい人の意見だけが優先されることがないように，発言は平等に書くことが大切です。若い教師がようやく発言しとき，「ちゃんと自分の意見を書いてもらって，認められたようでうれしかった」と感想を述べていました。書くということは，承認するということなのです。

ファシリテーターの言葉がけ例

1	目標設定	「今日はどこをめざしましょうか？」
2	プロセス設計	「どんな方法で話し合っていきましょうか？」
3	ルールづくり	「今日は○○を大切にして話し合ってみませんか？」
4	役割分担	「どなたか記録係をお願いできませんか？」
5	アイスブレイク	「お名前と自己紹介をひとこと話してみませんか？」
6	仮置き	「とりあえず，こんな感じで進めてみませんか？」
8	傾聴	「なるほど，……というのですね？」
9	介入	「ここは，話の続きを聴いてみませんか？」
10	多面的思考	「リソースを探す質問はありませんか？」
11	リフレーミング	「例えば，こういった考え方はできませんか？」
12	グルーピング	「意見はいくつかにまとめられませんか？」
13	論点整理	「……という点について，意見をお願いできませんか？」
14	意思決定	「みなさん，この先どうしたらいいでしょう？」
15	共感的理解	「なぜ彼がその意見にこだわるのかわかりますか？」
17	悪循環の解消	「互いに何かできることはないのですか？」
18	意思の見きわめ	「みなさん，実際にやるんですね？」
19	アクションプラン	「だれがいつまでに何をやるのですか？」
20	振り返り	「今日の会議を通じ，感じたことをどうぞ」
21	自己主張	「私も意見を言ってもいいですか？」
22	援助の依頼	「ここから先，どうしたらよいでしょうか？」
23	ファシリテーターが質問やブレストに参加するとき	ひとこと断り，「私も考えを言ってもいいでしょうか？」

※堀公俊『ファシリテーション入門』（日経新書）を参考に作成

4 参加者として質問力を高めるために

　事例報告者が，責められていると感じないように質問するコツは，興味からの質問ではなく，解決に向けた質問をすることです。

　K13法になじんでいたり，学校心理学の4領域を知っていたりすると，参加者としての質問が豊かになります。

　学校心理学では学習面，心理・社会面，進路面，健康面について情報をまとめ，援助方針を立て，援助策を話し合います。情報のまとめでは，いいところ，気になるところ，してみたことを出します。会議に臨むときにもれがないように質問すると，子どもの見方が総合的になるでしょう。

　児童生徒理解に役立つ理論や実践は数多くあります。山形県教育カウンセラー協会では，アドラー心理学に基づくSTEP（Systematic Training for Effective Parenting）や家族療法，チーム援助，特別支援教育等についての学びを重ねてきました。

　カウンセリングや教育相談の研修会は全国いたるところで開催されていますから，積極的に学んでいくことで視野が広がると思います。

　さて，次ページでは，会議の進行役に慣れていない方のために，ホワイトボードでできる解決志向のチーム会議の進行にそったファシリテーターのセリフ例と役割（ホワイトボードへの記入等），留意点を掲載しました。慣れないうちは，これを見ながら，進行してみましょう。第3章の「会議の進め方A to Z」（⇒56ページ）もあわせて参照してください。

ファシリテーター語録（セリフ例）

1 場を開く （黒ペンでスタート）

・ようこそお集まりいただきました。これからケース会議を行います。この会議は，本校教育相談部の「・・・・・」を目的にして開催するものです。終了時刻は〜時〜分です（黒ペンで記入）。
・会議のルールは守秘義務と解決志向です。原因や犯人探しに終わらないようにし，現実的な次の一手が生み出されるようご協力をお願いします。
・本日の事例報告者は〇〇さんです。〇年生のAさんについてです。

2 目標（今日のゴール）の設定

・話し合ってほしいことは〇〇です。（目標〔今日のゴール〕を書く）（あるいは事例報告者に尋ねる）今日はここでどんなことが話し合われたら〇〇さんのお役に立ちますか？ （目標〔今日のゴール〕を書く）

3 事例報告

・では，〇〇さん，はじめに事例の概要（近況）について5分でお話しください。お話しされたことはホワイトボードに書かせてください。急いで書きますので，漢字がカタカナだったりしますがご容赦ください（保護者や本人が入るときは，好きなこと得意なことを最初に聴き出して書く）。
・〇〇さんは，困難にとても真剣に向き合っていると思いました。

4 質問（リソース探し）

・参加者のみなさんから質問をいただいて，より理解を深め，解決に役に立つ情報を集めましょう。リソースがたくさん出てくるといいですね（家族はジェノグラムで記入。ペットも聴いておく）。

・(学習，心理・社会，進路，健康等で)抜け落ちている点はありませんか？
・(少しでもうまくいっている例外がないか，注意して聴く)

5 目標の確認（場合によっては，ゴールメンテナンス）

・○○さん，目標（今日のゴール）はこれでいいですか？

6 ブレーンストーミングで解決案を出し合う （青ペンに持ちかえる）

・ではここからは，解決のためにできることをブレーンストーミングしましょう。ブレスト4原則は，「批判厳禁，自由奔放，質より量，便乗歓迎」です。目標にたどり着くために，これから私たちにどんなことができるか考えて，どんどん発表してください。思いつくまま，できるかできないかはあと回しです。できるだけ具体的な提案をお願いします。

7 決定する （赤ペンに持ちかえる）

・たくさんのアイデアが出ましたね。さすが3人寄れば文殊の知恵ですね。
・では，○○さん，アイデアの中には，すでにやっていることもあったかもしれませんが，継続してみたいこと，新たにやってみたいことなどを具体的にお話しください。たくさん選んで無理のないようにしてください。
・私たちサポーターにお願いしたいことがあったら言ってください（継続することには赤ペンで下線，新たに実施したいことは赤ペンで囲む）。

8 次回を決める （黒ペンに持ちかえる）

・次回は，○月○日○時，○○室です。実施結果の報告から始めます。

9 振り返り

・○○さん，このチーム会議をやってみて，どんな感じがしましたか？気づいたことがありましたらお聞かせください。
・参加者のみなさんはいかがでしたか？

解決志向を引き出す質問・応答技法

　解決志向アプローチの代表的な技法について，本チーム会議での活用例（ファシリテーターの介入例）を紹介します。具体的な活用の仕方については，第3章の手順編と第4章の実践編を参考にしてください。

例外探し

　最悪だと思う状況の中でも，小康状態のとき，あるいは普段より少しはよい状態のときが必ずあるものです。そこで，次のように質問をして，例外的にうまくいっているときや，問題が起こっていないのはどんなときかを探すように促します。さらに，例外はなぜ起こっているか「成功の責任追及」を促します（失敗の責任追及ではなく）。質問によりすでにある解決の素（リソース）を自覚させるのです。

例：「Aさんは宿題を全然やってきません」「一度ぐらいはやってきたことがなかったでしょうか」「う〜ん，この前の算数はやってきました」「そのときはなぜ宿題をやってきたのでしょう？」「う〜ん，そういえば，算数の時間にがんばっていたのでほめたんです。そうしたらやってきましたね」

リフレーミング

　ものの見方の枠組みを変える応答技法です。

　黒沢は，「問題の周辺にその人のリソースがあり，そこに能力がある」といいます。子どものいいところが見つからなくて困るとき，問題を「〇〇する能力」と言いかえると，立派なリソースに変身します。

例：「うちの子は人見知りで……」→「お子さんは慎重ということですね。それは大事なことですよね」

　本チーム会議では，参加者が自分を責めて落ち込んでいるとき，リフレ

ーミングによって，自己肯定感の回復につなげることもあります。

例：「私はこの問題から逃げていたのかもしれません」→「事態を立て直すために，考える時間が必要だったのですね」

スケーリングクエスチョン

10段階スケール（ものさし）を使って，状況を評価してもらう質問技法です。「最高のときを10，最悪のときを1としたとき，いまのあなたはどれくらいですか？」などと尋ねます。「4点ぐらいです」と答えたら，「4点という点数について，その理由を教えてください」「1点上がるとどんな感じですか？」などと，いまできていること（リソース）を足がかりに，次のステップを具体的に模索します。

本チーム会議では，スモールステップでのゴール設定を考える際や，本人が状況をどのように把握しているかを知るために有効な質問法です。

例：「学級経営が最高にうまくいっているときを10，最悪のときを1としたとき，いまはどれくらいですか？」

コンプリメント

コンプリメントとは，単語本来の意味である「ほめる・賞賛する」言葉かけのほか，ねぎらい，感嘆・相槌などを，表情や身振りや手振りで表現することです。教育現場での子どもの支援にも重要な応答法です。

本チーム会議では，ファシリテーターや参加者が，事例報告者の肯定的な側面に注目して，コンプリメントを行います。これまでのがんばりなどを，ねぎらったり，努力を賞賛したりします。これにより，本人の自己肯定感や自己受容感，モチベーションがアップします。会議全体の雰囲気をあたたかいものにするためにも重要な応答法です。

例：「なるほど」「うんうん（うなずき）」「そうですか」「これまでがんばってこられたのですね」「大変なご苦労でしたね」

「この指と～まれ♪」

土屋隆子

　小走りで駆け寄り，差し出した親指につかまる。もう一人，また一人。「この指とまれ」は，みんなに参加してほしいという願いを込めて名づけられ，2007年から山形県教育カウンセラー協会の自主研修として月1回開催しています。常に教育現場の課題と向き合い，その解決方法をグループスーパービジョンで模索し続けてきました。現在は編著者の佐藤氏が山形大学在職中に研究された「ホワイトボードでできる解決志向のチーム会議」を活用しいっそうレベルアップした事例検討会を展開しています。会には常連のほか，初参加や久々の参加者等，毎回10～20名ほどが集います。

　事例報告者は苦戦している状態や悩み・迷い等を語りますが，参加者の多面的な視点からの質問に答える中で，いままで見えなかったことに気づいていきます。対応策を考えるブレインストーミングでは参加者の提案に笑顔や希望，勇気を得ることができます。

　参加する方も事例報告者の真摯な姿に共感しながら感性をみがき，自身が置かれている状況に重ねてイメージすることで対応の幅を広げます。

　そこには愛情と熱意あふれる仲間がつくり出すあたたかな居心地のよさと，想像を超えた学びがあり，一度参加するとやみつきになる感じです。

　そこで私たちは，本家「この指とまれ」に参加することがむずかしい遠方の参加者のニーズに応え，修業したメンバーが発起人となり県内3カ所に分家を誕生させました。分家もそれぞれの場所で地域のサポートグループとしての役割を果たしており，学びの輪が広がっていることを実感します。

　そしていま，だれも予想しなかったウイズコロナの時代。集まることができない中で新しい生活様式に対応できるオンライン開催への応用を求められています。事例報告者を守り，安全かつ快適に開催するために，ここでもチーム力を発揮し「いまできること」を探究し成長し続けていきます。

〔引用・参考文献〕

佐藤節子（2012）．山形大学大学院教育実践研究年報．pp.23-29

佐藤節子（2014）．日本教育カウンセリング発表大会論文集（ミニ研修会資料）．

佐藤節子（2019）．日本教育カウンセリング発表大会論文集（ミニ研修会資料）．

石隈利紀・田村節子（2003）．チーム援助入門―学校心理学・実践編．図書文化社．

堀公俊（2004）．ファシリテーション入門．日本経済新聞出版社．

神奈川県立総合教育センター（2009）．はじめようケース会議Ｑ＆Ａ．pp.1-30．

ちょんせいこ（2010）．元気になる会議―ホワイトボード・ミーティングのすすめ方．解放出版社．

森俊夫（2001）．“問題行動の意味”にこだわるより“解決志向”で行こう．ほんの森出版．

森俊夫・黒沢幸子（2002）．〈森・黒沢のワークショップで学ぶ〉解決志向ブリーフセラピー．ほんの森出版．

黒沢幸子・渡辺友香（2017）．解決志向のクラスづくり完全マニュアル．ほんの森出版．

黒沢幸子（2002）．指導援助に役立つスクールカウンセリングワークブック．金子書房．

団士郎（2013）．対人援助職のための家族理解入門．中央法規出版．

団士郎（2006）．家族の練習問題―木陰の物語（1）．ホンブロック．

おわりに（謝辞）

　この本は，小さなハッピーがたくさん重なりつながって完成しました。

　山形県教育カウンセラー協会松﨑学代表をはじめ仲間のみなさんとは，会の発足以来，教育カウンセラー養成講座やステップアップ講座の中で多くの学びを共有することができました。さらに，毎月の自主研修会「この指とまれ」では，事例の持ち寄り，「ホワイトボードでできる解決志向のチーム会議」の実践を積み重ねさせていただきました。本にする決心がついたのは，会津大学の苅間澤勇人先生がすすめてくださったおかげです。本書で事例を書いてくださった仲間は，山形県内４カ所で開催されている「この指とまれ」の運営メンバーです。また，現山形県立霞城学園高等学校校長の大隅晃弘先生には，現場の困り感やホワイトボードに何を書くかについて，多くの示唆をいただきました。

　黒沢幸子先生からは，長年にわたって解決志向を学ばせていただいたうえ，本書においても，ご著書からの引用についてのご快諾とあたたかい励ましをいただきました。また，日本ファシリテーション協会仙台サロンでのワークショップは学ぶことが多く，おかげさまで視野が広がりました。多くの団体や学校が私を研修会に呼んでくださったり，雑誌に取り上げたりしてくださったことが励みになりました。

　図書文化社編集部の渡辺佐恵さまとフリー編集者の辻由紀子さまには，サポーティブできめ細かいていねいな編集をしていただきました。

　みなさまの勇気づけと協力があって，出版までたどりつくことができました。心から御礼申し上げます。まさにミラクルハッピーです。

　さて，「ウイズコロナの時代」の新しい生活は，子どもたちの情緒面や社会性の育ちにどのような影響を及ぼすのでしょうか？　マスクで表情が

148

見えないこと，三密（密閉・密集・密接）を避ける生活。自他の感情に気づきにくかったり，何かを成し遂げるというグループ体験が不足したりすることで，コミュニケーション力が身につかなくなるのでは，と危惧しています。

「ウイズコロナの時代」は，会議や研修スタイルにも大きな変化をもたらしています。「ホワイトボードでできる解決志向のチーム会議」も，オンラインでの実施について模索が始まっています。守秘義務や情報の漏洩のないようにしながら，チーム会議をするためには，どんなスキルや手続きが必要かを探ることが，私たちの新しい課題になっています。

さまざまな課題を解決していくためには，チームが必要です。そのために，この解決志向のチーム会議は，必ず役に立つはずです。集い合うことがむずかしい時代だからこそ，この会議を行うことでチームをつくり，助け合える関係をつくってほしい。そのためにまず，この会議法を多くの方に試してほしい——これが私の願いです。

チームによって私たち一人一人も育ちたいと願います。解決像を描き，それぞれのリソースを生かすこと，それぞれができることを考えること，そして力を合わせて実行することが大事です。そのために本書が少しでもお役に立てたらと願っています。

最後に，私をそして私たちを育ててくれた日本教育カウンセラー協会の存在に心から感謝します。初代会長の國分康孝先生は，集団の成長ということをよくおっしゃっていました。まさに，チーム会議は，会議を行っているうちにチームワークがよくなり，チームが育つ会議なのです。今後，こうした実践が広がって，子どもを取り巻く援助者のチームワークがよくなり，それが子どもたちの幸せにつながることを心から祈っています。

2021年1月

佐藤節子

●編著者

佐藤節子（さとう・せつこ）

小学校教諭当時，長期研修で教育相談を学んだのち，不登校生徒のための適応指導教室，山形県教育センター教育相談部指導主事を経て，小学校校長。2009年，山形大学大学院教育実践研究科教授（2017年3月退職）。現在は，スクールカウンセラーや特別支援巡回相談員等に従事。上級カウンセラー。SGE公認リーダー。山形県教育カウンセラー協会，日本学校教育相談学会山形県支部には開設からかかわる。國分康孝先生・久子先生ご夫妻のSGEワークショップ等に足繁く通い，「ふれあいと自己発見」によって自分が磨かれていく感覚や，所属するグループが成長していく高揚感のかけがえのなさを感じてきた。学校が児童生徒にとって，「ふれあいと自他理解」の場となり，仲間から大事にされ，また仲間を大事にする人間になってほしいと願っている。

●事例執筆者 （50音順／敬称略）

板垣市子

伊藤なおみ

小関悦子

笹原英子

鈴木英子

土屋隆子

〔研修会のお知らせ〕
山形県教育カウンセラー協会主催　特別研修会「この指とまれ」
毎月1回，山形県内4カ所で，「ホワイトボードでできる解決志向のチーム会議」の研修会を行っています。
問い合わせ　山形県教育カウンセラー協会
　　　　　　山形大学大学院教育実践研究科　松﨑学研究室
　　　　　　Eメール　setsus@nifty.com

※図書文化社のHPから，会議に使うカードなどの付録をダウンロードできます。
http://www.toshobunka.co.jp/books/whiteboard.php

教育エクレ

ホワイトボードでできる
解決志向のチーム会議

2021 年 2 月 20 日　初版第 1 刷発行［検印省略］

編 著 者	佐藤節子©
発 行 人	福富　泉
発 行 所	株式会社 図書文化社
	〒 112-0012 東京都文京区大塚 1-4-15
	電話 03-3943-2511 FAX 03-3943-2519
編集協力	辻由紀子
本文イラスト・装幀	広研印刷株式会社
印刷・製本	広研印刷株式会社

構成的グループエンカウンターの本

必読の基本図書

構成的グループエンカウンター事典
國分康孝・國分久子総編集　Ａ５判　本体6,000円＋税

構成的グループ
エンカウンター事典

教師のためのエンカウンター入門
片野智治著　Ａ５判　本体1,000円＋税

エンカウンターとは何か　教師が学校で生かすために
國分康孝ほか共著　Ｂ６判　本体1,600円＋税

エンカウンター スキルアップ　ホンネで語る「リーダーブック」
國分康孝ほか編　Ｂ６判　本体1,800円＋税

目的に応じたエンカウンターの活用

エンカウンターで保護者会が変わる　小学校編・中学校編
國分康孝・國分久子監修　Ｂ５判　本体 各2,200円＋税

エンカウンターで
保護者会が変わる
（小・中）

エンカウンターで不登校対応が変わる
國分康孝・國分久子監修　Ｂ５判　本体 2,400円＋税

エンカウンターでいじめ対応が変わる　教育相談と生徒指導の
さらなる充実をめざして
國分康孝・國分久子監修　住本克彦編　Ｂ５判　本体2,400円＋税

エンカウンターで学級づくりスタートダッシュ　小学校編・中学校編
諸富祥彦ほか編著　Ｂ５判　本体 各2,300円＋税

エンカウンター　こんなときこうする！小学校編・中学校編
諸富祥彦ほか編著　Ｂ５判　本体 各2,000円＋税　ヒントいっぱいの実践記録集

どんな学級にも使えるエンカウンター20選・中学校
國分康孝・國分久子監修　明里康弘著　Ｂ５判　本体2,000円＋税

どの先生もうまくいくエンカウンター20のコツ
國分康孝・國分久子監修　明里康弘著　Ａ５判　本体1,600円＋税

10分でできる　なかよしスキルタイム35
國分康孝・國分久子監修　水上和夫著　Ｂ５判　本体2,200円＋税

多彩なエクササイズ集

エンカウンターで学級が変わる
（小・中・高）

エンカウンターで学級が変わる　小学校編　中学校編　Part 1〜3
國分康孝監修　全3冊　Ｂ５判　本体 各2,500円＋税　　Part1のみ　本体 各2,233円＋税

エンカウンターで学級が変わる　高等学校編
國分康孝監修　Ｂ５判　本体2,800円＋税

エンカウンターで学級が変わる　ショートエクササイズ集　Part 1〜2
國分康孝監修　Ｂ５判　Part1:本体2,500円＋税　Part2:本体2,300円＋税

図書文化